Herbert Friedlmeier / Gerda Mraz · **ÖSTERREICH 1945–1955**

Die Autoren bedanken sich sehr herzlich bei:

Maria BAUMGARTNER
Mag. Ulrike BERGER
Maria ECKER
Dr. Annemarie FENZL
Dipl.-Ing. Johannes FIGL
Mag. Monika GRIENSTEIDL
Heinz GRUBER
Urs HARNIK-LAURIS
Manfred HENNERBICHLER
Dr. Robert KITTLER
Landeshauptmann Dr. Josef KRAINER
Erich LEONHARD
Dr. Barbara LESAK
Mag. Thomas MAISEL
Olive MOOREFIELD
Brigadier i. R. Alfred NAGL
Dr. Ingrid SCHRAMM
Mag. Uwe SCHÖGL
Hofrat Mag. Florian TRUMMER
Sonja VRBICKY

Eine Publikation des Bildarchivs der Österreichischen Nationalbibliothek, Wien

66

WIENER KURIER

PREIS 20 gr

Mittwoch, 10. Oktober 1945

Nr. 39 ★ 1. Jahrgang

Erscheint mit Ausnahme von Sonntag täglich in den Nachmittagsstunden

HERAUSGEGEBEN VON DEN AMERIKANISCHEN STREITKRÄFTEN FÜR DIE WIENER BEVÖLKERUNG

Nur die USA können die Atombombe herstellen

Tiponville, 10. Oktober (IIS). Präsident T r u m a n erklärte auf einer Pressekonferenz, daß die Vereinigten Staaten die technischen Voraussetzungen, die zur Herstellung der Atombombe erforderlich sind, keinem anderen Land zur Verfügung stellen würden. Die Preisgabe dieses Geheimnisses würde für jedes andere Land auch völlig wertlos sein, da nur die Vereinigten Staaten über die zur Herstellung der Atombombe notwendigen Industrien und Rohstoffquellen verfügen.

Truman, der hier einen kurzen Urlaub verbringt, sagte, daß dieser Standpunkt der Vereinigten Staaten zwar nicht im Einvernehmen mit G r o ß b r i t a n n i e n und K a n a d a, den beiden anderen an der Entwicklung der Bombe beteiligten Staaten, festgelegt worden sei, er sei aber überzeugt, daß sie ihn teilen würden. Obwohl diese beiden Länder die Pläne für die Atombombe in Händen hätten, wäre es ihnen doch nicht möglich, ihre Kenntnisse zu verwerten, da ihnen die Fabrikationsanlagen dazu fehlen.

Präsident Truman glaubt nicht, daß irgend eine Nation außer den Vereinigten Staaten die entsprechenden Mittel besitzt. Wie er der Presse mitteilte, hat kein anderer Staat um die Bekanntgabe des Atombombengeheimnisses gebeten.

Ansteigen der Scheidungen in Oberösterreich

Linz, 19. Dezember (AND). Nach der Wiedereröffnung der Gerichte in Oberösterreich verzeichnete das Landesgericht Linz ein starkes Ansteigen der Ehescheidungen. Seit 15. Juli sind in Linz nicht weniger als 1500 Ehen geschieden worden.

Wiener, aufgepaßt!

Die Hausbesitzer, beziehungsweise Hausbesorger des 15. Bezirkes haben b i s z u m 24. D e z e m b e r sämtliche Wohnungen zu melden, die von französischem Militär besetzt sind.

Die Meldungen sind auf der französischen Kommandantur des 15. Bezirkes, Wien, XV., Tannengasse 8—10, abzugeben.

Düsenflugzeug mit 960 Stundenkilometern

Washington, 20. Dezember (AND). Die Marine führte vergangene Woche in Atlantic City (New Jersey) ein Miniatur-Robotflugzeug mit Düsenantrieb vor, das bis zu 960 Stundenkilometer fliegen kann. Die Flügelspannweite des Flugzeuges, das ungefähr eine Stunde in der Luft zu bleiben vermag, beträgt nur 3,60 Meter.

Oesterreichs neuer Bundeskanzler beglückwünscht den „Wiener Kurier"

Wien, 21. Dezember. Der neue österreichische Bundeskanzler Ing. Leopold F i g l hat unserer Redaktion zum 100. Erscheinen unserer Zeitung ein Anerkennungsschreiben übermittelt, daß wir unserer Leserschaft nicht vorenthalten wollen und daher nachstehend veröffentlichen:

Wien, 18.Dezember 1945

An die
Redaktion des "Wiener Kurier",
W i e n VII.,
Seidengasse 3

Mit dem Zusammenbruch des Naziregimes in Oesterreich ist auch die Nazipresse, diese übelste Vergewaltigung europäischen Geistes, von der Bildfläche verschwunden. Unter den schwierigsten Umständen ist eine neue demokratische Presse in unserem Lande ins Leben gerufen worden. Die Schwierigkeiten waren so gross, dass es oft unmöglich schien, sie zu überwinden.

Wir haben es deshalb mit Genugtuung begrüsst, dass die alliierten Mächte dem fühlbaren Mangel an Presseorganen in Oesterreich auch durch die Gründung eigener Tageszeitungen abgeholfen haben. Alle diese Zeitungen haben mit dazu beigetragen, die demokratische Willensbildung in Oesterreich zu fördern und den Weg zum Wiederaufbau zu erleichtern.

Der "Wiener Kurier", dessen hunderste Nummer heute erscheint, hat sich darüber hinaus noch eine besondere Aufgabe gestellt, für die den Herausgebern und Schriftleitern zu danken mir ein besonderes Bedürfnis ist.

Der "Wiener Kurier" hat vom ersten Tage seines Erscheinens an insbesondere der österreichischen Kultur und der alliierten Zusammenarbeit einen besonders breiten Raum geschenkt. Wir Oesterreicher haben das mit Dank und Anerkennung festgestellt, und mit diesem Dank verbinde ich den Wunsch, dass diesem ersten Jubiläum dieser grossen Zeitung noch viele weitere folgen mögen.

Ing. Figl

Herbert Friedlmeier / Gerda Mraz

ÖSTERREICH 1945–1955

Fotos aus dem Archiv des „Wiener Kurier“

BÖHLAU VERLAG WIEN · KÖLN · WEIMAR

Die Deutsche Bibliothek – CIP-Einheitsaufnahme

Österreich 1945–1955: Fotos aus dem Archiv des „Wiener Kurier“ /
Herbert Friedlmeier ; Gerda Mraz. – Wien ; Köln ; Weimar :
Böhlau, 1994
(Eine Publikation des Bildarchivs der Österreichischen
Nationalbibliothek, Wien)
ISBN 3-205-98316-5
NE: Friedlmeier, Herbert; Mraz, Gerda

Satz: Zehetner Ges. m. b. H., A-2105 Oberrohrbach
Reproduktionsfotografie: Foto Leutner, Wien
Lithos: Laut, Wien
Druck: Manz, Wien

INHALT

DER „WIENER KURIER“ oder WIE ÖSTERREICH NACH 1945 VON DEN AMERIKANERN INFORMIERT WURDE

Tausend Jahre vergehen manchmal schneller, als man denkt. Nach jedem Ende kommt wieder ein Anfang, und am Anfang war das Schweigen. Der Großdeutsche Rundfunk war nämlich verstummt in diesem April 1945 in der deutschen Ostmark, in der das Dritte Reich schon seinen Zusammenbruch erlebt hatte. Und Zeitung gab es auch keine mehr, die völkisch beobachten oder kommentieren hätte können, daß eine Provisorische Staatsregierung bereits die Zweite Republik in einem demokratischen Österreich ausgerufen und gleichzeitig in einer Unabhängigkeitserklärung den Anschluß an Deutschland aus dem Jahr 1938 für null und nichtig erklärt hatte. Die „Ostmärker“ waren also wieder in Österreich daheim, aber sie waren nach einem verlorenen Krieg nicht Herr im eigenen Haus.

Die vier alliierten Siegermächte bestimmten das Geschehen, kontrollierten das öffentliche Leben und somit auch die Medien und die Informationsvermittlung. Militärische Stäbe und Abteilungen, die Konzepte für den Einsatz von Rundfunk und Presse zur Beeinflussung der österreichischen Bevölkerung im Sinne der jeweiligen Besatzungsmacht ausgearbeitet hatten, gab es in allen vier Armeen schon vor der endgültigen Besetzung österreichischen Gebietes durch Amerikaner, Briten, Franzosen und Sowjets. Den Amerikanern war es in der ersten Phase wichtig, in ihrer Zone noch vorhandene Einrichtungen wie Druckereien, Verlagshäuser und Rundfunksender unter ihre Kontrolle zu bringen. Jede sporadisch und ohne Lizenz der US-Armee erscheinende Lokalzeitung wurde sofort verboten, vor allem aus Angst, es könnte immer noch versucht werden, nationalsozialistische Propaganda zu verbreiten.
Nachdem sich das Oberkommando in seinem Hauptquartier in der Stadt Salzburg etabliert hatte, wurde auch eine für die Kultur- und Informationsvermittlung in Österreich gegründete Spezialabteilung, nämlich der ISB (Information Service Branch), unter seinem Chef, dem Brigadegeneral A. J. MacChrystal, tätig. Der ISB war Teil der USIS, der United States Information Services, einer dem Verteidigungsministerium unterstellten Organisation, die gewissermaßen alle kulturellen und informationsvermittelnden Aktivitäten der US-Armee koordinierte und mittels geeigneter Medien unter die Leute brachte.
Erste Schritte des ISB in diese Richtung waren im Juni 1945 die Herausgabe der Zeitungen „Salzburger Nachrichten“ und „Oberösterreichische Nachrichten“ und die Inbetriebnahme des Rundfunksenders „Radio Rot-Weiß-Rot“ in Salzburg. Beide Zeitungen wurden schon im Oktober desselben Jahres österreichischen Verlegern übergeben, während der Sender bis 1955 in amerikanischen Händen blieb.
Mit der Aufteilung Wiens in vier Besatzungszonen zogen im August 1945 die drei Westalliierten in die seit der Eroberung durch die Rote Armee im April allein von den

Sowjetbehörden beherrschte Stadt ein. Die Amerikaner richteten nun in ihrem Sektor auch einen Wiener Sender „Rot-Weiß-Rot“ ein und begannen, eine Zeitung herauszugeben, nämlich den „Wiener Kurier“, untertitelt „Zeitschrift der amerikanischen Streitkräfte für die Wiener Bevölkerung“. General Mark Wayne Clark, Oberbefehlshaber der US-Streitkräfte in Österreich und Vertreter der Amerikaner im Alliierten Rat, schrieb in seinem Geleitwort auf der Titelseite: „Der ‚Wiener Kurier‘ hat die Aufgabe, seine Leser mit wahrheitsgetreuen Berichten über die Ereignisse im In- und Ausland zu versorgen und sich in jeder Weise für die Einheitlichkeit der österreichischen Nation einzusetzen“.

Soll heißen, die US-Armee sah es als eine wichtige Aufgabe an, die Entstehung eines freien Staates und die Errichtung einer Demokratie nach westlichem Muster zu fördern. Aus dem März 1946 liegt ein damals geheimes Dokument, unterzeichnet vom Herausgeber H. J. Burns, vor, dessen Titel man mit „Sachdienliche Angaben über den Wiener Kurier“ übersetzen könnte. In diesem gibt es ein mit „Features“ bezeichnetes Kapitel, worin eine Zeitungsseite täglich mit Berichten aus den und über die USA gefordert wird, seien es kulturelle Ereignisse, neue Trends in der wirtschaftlichen Entwicklung und im täglichen Leben oder politische Vorstellungen amerikanischer Persönlichkeiten: Beeinflussung im Sinne des „American Way of Life“ also. Und der hatte durchaus seine Attraktivität, versprach er doch den vom Nachkriegselend gebeutelten Hungerleidern nie gekannten Wohlstand und ein von bevormundenden politischen Ideologien freies Leben.

Der „Wiener Kurier“ nahm bald eine marktbeherrschende Stellung auf dem ostösterreichischen Zeitungsmarkt ein, die tägliche Auflage schwankte im Lauf der Jahre zwischen 150.000 und 300.000 Exemplaren. In die Bundesländer gingen davon nur zehn bis fünfzehn Prozent, getreu dem Untertitel der Zeitung, „Zeitschrift für die Wiener Bevölkerung“.

Auch wenn man ins Kalkül zieht, daß es sich mit der Macht der US-Armee im Rücken leichter gelebt haben dürfte, wenn es um so profane Dinge wie Beschaffung und Zuteilung von Rotationspapier, Stromversorgung der Druckerei und verfügbare Fahrzeuge zum Ausliefern und Verteilen der Zeitung ging, so ist der Erfolg des „Kurier“ damit allein bei weitem nicht zu erklären.

Für eine Leserschaft, die vom Jahre 1934 an im Ständestaat und später unter der nationalsozialistischen Herrschaft an gleichgeschaltete Medien gewöhnt war, stellten der an gehobene amerikanische Boulevard-Zeitungen angelehnte Stil und die flotte Aufmachung des Blattes etwas Neues, Ungewöhnliches, Unterhaltsames und Aufregendes dar. Ähnliches ließe sich auch über den Sender „Radio Rot-Weiß-Rot“ und seine Hörerschaft sagen, worauf aber im entsprechenden Kapitel dieses Buches näher eingegangen werden soll.

Während in den leitenden Positionen sowohl im „Kurier“ als auch bei „Radio Rot-Weiß-Rot“ amerikanische Armeeoffiziere (sehr oft nicht in den USA geborene „Cultural Officers“ mit Deutsch als Muttersprache) saßen, wurde nach außen hin der Eindruck vermittelt, als ob die österreichischen Redakteure vollkommen freie Hand hätten, was die Programmauswahl oder den Inhalt von Zeitungsartikeln anlangte. Speziell die Leser des „Wiener Kurier“ dürften das Blatt als willkommene Abwechslung zu den

damals noch sehr einflußreichen und auflagenstarken Organen der österreichischen politischen Parteien empfunden haben.
Wurde in der ersten Nummer der Zeitung noch der Roten Armee für ihren Einsatz bei der Befreiung Wiens von deutschen Truppen gedankt, so nahm die ideologische Auseinandersetzung mit dem Kommunismus im allgemeinen und jene mit der KPÖ und der sowjetischen Besatzungsmacht im besonderen ständig zu und wurde zum Hauptanliegen der politischen Berichterstattung.
Mit der Genehmigung und Durchführung des Marshall-Plans, der amerikanischen Wirtschaftshilfe zum Wiederaufbau Europas und in der Folge zur Erhaltung eines von den westlichen Großmächten gewünschten marktwirtschaftlichen Systems, wurden um 1947 und 1948 die Angriffe gegen alles Amerikanische in den kommunistischen Medien immer schärfer, und vor allem mit Ausbruch des Korea-Krieges im Jahre 1950 setzte die totale publizistische Konfrontation ein.
Propaganda und politische Beeinflussung lassen sich auch unter dem Deckmantel objektiver Information servieren und in unterhaltsame Berichte verpacken; jedenfalls waren auch die österreichischen Mitarbeiter des „Kurier" durch Schulung mit den Methoden amerikanischer Journalistik längst so weit vertraut, um die Auseinandersetzung im Sinne der Amerikaner zu führen. Die in Publikationen der sowjetischen Besatzungsmacht bzw. der KPÖ vorgebrachten Anschuldigungen wurden nicht Wort für Wort zu widerlegen versucht, sondern in Kommentaren als eifernd und geifernd dargestellt und oft ins Lächerliche gezogen.
Der Erfolg gab dem „Wiener Kurier" recht, die Zeitung leistete gute Arbeit im Sinne der Meinungsbildung zugunsten der amerikanischen Interessen im besetzten Land, ganz im Gegensatz zu der „Österreichischen Zeitung", dem Blatt der sowjetischen Besatzung. Obwohl diese bereits am 21. April 1945 zum erstenmal erschienen war, geschmückt mit dem martialischen Untertitel „Frontzeitung für die Bevölkerung Österreichs", hielt sich die Akzeptanz bei eben dieser Bevölkerung in Grenzen. Auch die „Weltpresse" der britischen und die „Welt am Abend" der französischen Informationsabteilung führten ein eher bescheidenes Dasein.
Man ließ sich allerdings auch einiges einfallen beim „Wiener Kurier", um den Erfolg bei der Leserschaft sicherzustellen: Schon ab 6. Jänner 1946 gab es die Befragung des Mannes auf der Straße; da hielt ein Reporter das Mikrophon den Leuten unter die Nase und wollte „Ihre Meinung, bitte" hören, mit der man doch noch vor einem Jahr hinterm Berg hatte halten müssen. Ab 3. Juli 1948 gab es die vierseitige Bildbeilage im Illustriertenstil zum Wochenende, eine Kinder- und Frauenseite wurden eingeführt, ab 1950 gab es jeden Montag den „Sportkurier". Mehr Seiten Berichte über die Tore und Slalomsiege vom Wochenende hatte von da an keine andere Zeitung mehr. Ebenfalls ab 1950 wurden Kochrezepte abgedruckt, man hatte ja wieder mehr Geld fürs Essen übrig. Im gleichen Jahr wurde aber die Königsidee geboren: Jeder, der mit dem „Wiener Kurier" in der Hand fotografiert und dessen Bild in der Zeitung abgedruckt wurde, erhielt für dieses „Glücksfoto" 75 Schilling! Für so manchen entsprach das einem Wochenlohn.
Bis zum 16. Oktober 1954 erschien der „Wiener Kurier" täglich, danach bis zu seiner Einstellung im Juli 1955 nur mehr als Wochenzeitung samstags. Die amerikanischen Streitkräfte waren seit 1950 nicht mehr als Herausgeber im Untertitel angeführt, denn

die USIS-Organisation unterstand ab den späten vierziger Jahren dem US-State Department, also dem Außenministerium. Trotzdem war es symptomatisch, daß mit dem Abzug der US-Armee aus Österreich auch das Ende für die einst von ihr gegründete Zeitung kam.
Der von den Amerikanern herausgegebene „Wiener Kurier" war die am reichsten illustrierte Zeitung in Österreich, er beschäftigte die meisten Fotografen und hatte ein entsprechendes Archiv, aufgebaut in den zehn Jahren seines Erscheinens, zur Verfügung. Tatsachen, denen unter anderem auch dieses Buch sein Entstehen verdankt.
Am 16. Oktober 1954 kam eine österreichische Tageszeitung mit Namen „Neuer Kurier" auf den Markt, in der viele Journalisten und Angestellte des amerikanischen Vorbilds tätig wurden, aber die Bedingungen und Voraussetzungen waren eben doch geänderte. Es gab nicht mehr dieses Nahverhältnis zu den USIS, und folglich bekam der „Neue" auch nicht das Fotoarchiv des „alten" Kurier.

DIE BILDER AUS DEM USIS-ARCHIV

Woher sie stammen, wozu sie dienten, was sie zeigen

Im Bildarchiv der Österreichischen Nationalbibliothek gibt es einen Raum, der den schönen Namen „Glasgang“ trägt, und in diesem stehen Stahlschränke in olivgrüner Farbe, die jener von alten amerikanischen Militärjeeps ähnelt. Über den einzelnen Laden dieser Schränke findet man immer noch Aufkleber mit der Inschrift „Property of the U.S. Information Agency“. Bei dieser Gesellschaft handelt es sich um die uns bekannten USIS, die nur das Wort „Services“ durch „Agency“ ersetzt hat. Aber zutreffend ist der Eigentumsvermerk ohnehin längst nicht mehr, denn im Jahr 1977 wurden diese Kästen samt Inhalt von der amerikanischen Botschaft in Wien dem Bildarchiv geschenkt.
Damit blieb eine wichtige Bildquelle für die Dokumentation der Nachkriegszeit und der fünfziger Jahre in Österreich erhalten, denn das Fotomaterial der britischen, französischen und sowjetischen Informationsabteilungen und Zeitungen aus dieser Zeit ist dem interessierten Forscher an keiner österreichischen Institution in großer Fülle zugänglich. Manches dürfte verlorengegangen sein, vieles ist in die Heimatländer der abziehenden Besatzungsarmeen mitübersiedelt.
Etwa 10.000 Negative kamen also in die Österreichische Nationalbibliothek, der größte Teil des ursprünglich von Mitarbeitern des ISB, der USIS-Spezialabteilung für Österreich, angelegten Archivs. Es war und ist im nachhinein nicht mehr festzustellen, wo das fehlende Material hingelangt ist, an der amerikanischen Botschaft war es jedenfalls im Jahr 1977 nicht mehr. Vor allem Negative aus den ersten zwei Nachkriegsjahren hatten unbekannte „Liebhaber“ gefunden.
Die vorhandenen Negative sind inzwischen aufgearbeitet und in die Bestände des Bildarchivs integriert, ihre Signatur ist unter entsprechenden Schlagwörtern im Benutzerkatalog der Sammlung zu finden. Mancher Bildinhalt ist seither genauer erschlossen, denn das exakte Datum eines abgebildeten Ereignisses, die Namen der beteiligten Personen oder topographische Angaben wurden sehr oft nachrecherchiert.
Der gesamte Bestand des USIS-Archivs muß jedoch zu Überlegungen über seine Erhaltung Anlaß geben. Als seltene Bildquelle für Dokumentationen über die Besatzungszeit sind die Fotos unersetzlich, sie waren im Laufe der Jahre schon einigen Strapazen ausgesetzt. Deshalb läuft gegenwärtig ein Projekt zur Duplizierung und Digitalisierung, um den Bestand bald wieder allgemein zugänglich machen zu können.

Ab Mai 1945 hatte es in Salzburg eine von der US-Armee herausgegebene Wochenzeitung namens „Österreichischer Kurier“ gegeben, die ihr Erscheinen alsbald wieder einstellte, aber doch als Vorläuferin der Wiener Zeitungsgründung angesehen werden kann. Dieser „Österreichische Kurier“ ist übrigens eine ziemliche Rarität, selbst die Nationalbibliothek besitzt kein einziges Exemplar davon. Das in den ersten vier Monaten der amerikanischen Besatzung in Salzburg angesammelte Material übersiedelte, jedoch zum „Wiener Kurier“. Jedes Bild, das von nun an für diese Zeitung aufgenommen wurde, wanderte ins USIS-Archiv.

Der „Information Service Branch“ brachte auch andere Publikationen heraus, etwa ein zweiwöchentliches Bulletin namens „Medizinische Nachrichten“ für die Ärzteschaft und verwandte Berufe, „Landwirtschaftliche Nachrichten“ für die Bauern sowie „Erziehung“, eine Monatszeitschrift für Schulbehörden und Lehrer. Zur Illustrierung dieser Hefte wurde auch aus Amerika übernommenes Bildmaterial herangezogen, zum größten Teil aber verwendete man in Österreich aufgenommene Fotos, von denen die Negative ebenfalls im USIS-Archiv landeten. Nur sind sie mit der Herkunftsbezeichnung „Education Division“ versehen.

„Radio Rot-Weiß-Rot“ hatte ein eigenes Tonarchiv; seine Fotos, z. B. von leitenden Offizieren und Programmachern ebenso wie von prominenten Studiogästen und Aufnahmesitzungen, gelangten hingegen, festgehalten auf Negativen, ins USIS-Archiv beim „Wiener Kurier“.

Auch „Subject cards“ sind in den olivgrünen Schränken noch vorhanden, Karteiblätter aus Pappendeckel mit kleinen Fotopositiven und englischen Pressetexten. Sie sind geordnet nach den abgekürzten Bezeichnungen für Einrichtungen und Unterabteilungen des ISB, die zu zahlreich sind, um sie alle anzuführen.

Ein großer Teil dieses Bestandes ist mit E.C.A./M.E.C. bezeichnet, dem Kürzel für die Marshall-Plan-Hilfe. In Hunderten von Betrieben, die durch dieses Wirtschaftsprogramm finanziell unterstützt wurden, fotografierten die ISB-Mitarbeiter ganze Bilderserien, um Verbesserungen in der Produktion oder den Einsatz von neuen Maschinen zu dokumentieren.

Bilder von sowjetischen Soldaten und kommunistischen Aufmärschen sind in der Themengruppe „Russians & Communists“ zusammengefaßt, oft „liebevoll“ mit „Commies“ abgekürzt.

Bilder mit der Bezeichnung „NFR“ dürften nicht für die Leser des „Wiener Kurier“ bestimmt gewesen sein, ob die Buchstaben für „Not For Readers“ stehen, ist allerdings hypothetisch. Es handelt sich jedenfalls bei diesem Teil des Bestandes um Abbildungen aus osteuropäischen Zeitungen und Magazinen, die meistens kommunistische Politiker zeigen. Der ADN, der amerikanische Nachrichtendienst in Österreich, und alle anderen US-Armeeabteilungen wollten schließlich wissen, wie der Feind aussah, um ihm tief ins fotografierte Auge blicken zu können.

Leider waren diese Abbildungen Autotypien, also schlechte Rasterdrucke. Zusätzlich sind die Repronegative aus minderwertigem Material und dürften bei der Anfertigung schlecht gewässert worden sein, auf jeden Fall kam ein Teil bereits mit schweren Säureschäden ins Bildarchiv.

Welche Bilder aus dem USIS-Bestand will nun dieses Buch zeigen?

Einmal soll versucht werden, den Stil des „Wiener Kurier“ zu berücksichtigen, Information mit Unterhaltung zu kombinieren, ein Anliegen nicht mit erhobenem Zeigefinger vorzubringen, sondern als leichte Kost zu servieren.

Bei einem Medium nach Vorbild einer amerikanischen Boulevardzeitung mußte der

Unterhaltungswert einer Nachricht bedacht werden, die Politiker werden deshalb gern auch privat gezeigt, dem Alltag wird ein wenig Buntheit abzugewinnen versucht, fast überall gibt es amerikanische Wirtschafts- und Lebenshilfe zu entdecken.
Unerwartetes, Kurioses, aber auch wirklich Einmaliges ist zu finden, und das ist sicher den guten Fotografen des ISB zu verdanken, die um Originalität und Aussagekraft der Bilder bemüht waren. Ab 1948 war Yoichi R. Okamoto, US-Kulturoffizier mit japanischen Vorfahren, Chef der ISB-Reporter, Fotografen und Journalisten; ein Mann, der sowohl zum Lehrer der österreichischen Reporter als auch zum verläßlichen Chronisten kultureller Ereignisse und zum Porträtisten einer Künstlergeneration wurde. Seine Aufnahmen sind hier ebenso zu finden wie die des Österreichers Gottfried „Jeff“ Rainer. Auch er war Fotograf des ISB und von 1947 bis 1955 für diese Institution tätig. Von vielen Aufnahmen sind die Fotografen allerdings nicht mehr festzustellen, oder es sind keinerlei biographische Angaben zu den angegebenen Namen in Erfahrung zu bringen.

Bilder aus den ersten zehn Jahren der 2. Republik sind in diesem Buch zu sehen, sehr oft von einem „amerikanischen“ Standpunkt aus aufgenommen, Bilder – auch das ist wichtig –, die „etwas hergeben“. Sie sollen zeigen, daß das Leben trotz Nachkriegselend voll Hoffnung war, daß die Menschen sich sehr bald in den neuen Verhältnissen zurecht fanden, daß manches im Umgang mit den Amerikanern der Komik nicht entbehrte, daß Spektakel auf den Straßen und kulturelle Ereignisse eine enorme Anziehungskraft ausübten, daß man bedingungslos an den technischen Fortschritt glaubte und daß etwas Abwechslung vom Alltag fast so wichtig war wie das tägliche Brot.
Von den Autoren wurde keinesfalls angestrebt, mit diesem Buch eine Chronik der Jahre 1945 bis 1955 vorzulegen, schließlich mußte sich die Auswahl der Themen nach dem vorhandenen Bildmaterial richten. Trotzdem darf versichert werden, daß in jedem Kapitel interessante Entdeckungen zu machen sind: Den Nachgeborenen wird die Vielfalt einer Dekade vor Augen geführt, deren Betrachtung sich sonst meist auf der Schiene Nachkriegselend und Wiederaufbau bewegt, dem Zeitzeugen aber werden Erinnerungen aufgefrischt. Um einen der beliebtesten Schlager aus dieser Zeit zu zitieren: „Going to take a sentimental journey, to renew old memories!“

1. Kapitel

WAHLEN

Die ersten Schritte zur Zweiten Republik – ein Zeitplan

1. 11. 1943
„Moskauer Deklaration über Österreich". Die Außenminister Großbritanniens, der Sowjetunion und der USA beschließen im Namen ihrer Regierungen die Wiederherstellung eines freien und unabhängigen Österreich.

3. 4. 1945
Die Rote Armee hat sich bereits im südlichen Niederösterreich festgesetzt, wo sowjetische Militärbehörden erste Verhandlungen über die Bildung einer österreichischen Regierung mit Karl Renner, dem ehemaligen Staatskanzler der Ersten Republik, führen.

7. 4. 1945
Proklamation der Provisorischen Staatsregierung über die Wiederherstellung der Republik Österreich. Diese Regierung unter Staatskanzler Renner wird vorerst nur von den sowjetischen Behörden anerkannt und setzt sich aus Vertretern von ÖVP, SPÖ, KPÖ und zwei Parteilosen zusammen. Zwei Tage später zieht sie ins Parlament in Wien ein.

4. 9. 1945
Erste Länderkonferenz im Niederösterreichischen Landhaus in der Herrengasse in Wien. Bis zum 25. Oktober finden noch drei weitere Konferenzen dieser Art statt, in denen die Regierung um Vertreter der von den Westalliierten besetzten Bundesländer erweitert wird.

20. 10. 1945
Die erweiterte Regierung Renner wird vom Alliierten Rat und somit von allen vier Besatzungsmächten anerkannt. Trotzdem ist sie nur ein Organ zur Genehmigung von Gesetzen und Anordnungen, die höchste Entscheidungsbefugnis bleibt bei den vier Oberkommandierenden im Alliierten Rat.

25. 11. 1945
Erste freie Wahlen seit 1930. Die Mandatsverteilung im Nationalrat lautet ÖVP 85, SPÖ 76 und KPÖ 4.

20. 12. 1945
Leopold Figl wird Bundeskanzler einer aus allen drei im Parlament vertretenen Parteien gebildeten Konzentrationsregierung. Staatskanzler Karl Renner wird von der Bundesversammlung (Nationalrat und Bundesrat) zum Bundespräsidenten gewählt.

Die Eröffnungssitzung des Nationalrats im Parlament am 19. 12. 1945.

Staatsbürger Dr. Karl Renner, von Beruf Bundespräsident, hier bei der Ausübung seines gleichen, unmittelbaren, geheimen, persönlichen Wahlrechts bei den Wahlen zum Nationalrat am 9. 10. 1949, begleitet von seiner Ehefrau Luise.
Renner war der einzige Bundespräsident der 2. Republik, der dieses Amt nicht durch direkte Volkswahl, sondern durch Beschluß der Bundesversammlung erhielt.

„Ich kann euch keine Kohle zum Heizen und kein Fensterglas zum Einschneiden geben", sagte Leopold Figl 1945 in seiner vielzitierten Weihnachtsansprache als Bundeskanzler im Radio, und wenn man die Bilder von den ersten Wahlen zum Nationalrat in der 2. Republik einen Monat davor, am 25. 11. 1945, betrachtet, so ist es, als ob man die Kälte im ungeheizten Wahllokal und die Zugluft durch die kaputten Fenster spüren könnte.

Alle Beteiligten, Wahlhelfer und die vor dem Tisch stehenden, sich ausweisenden oder gerade ihre Stimme abgebenden Wähler, sind mit Mänteln und Hüten bekleidet, ihre Stimmung wirkt ernst, niemand scheint ein Lächeln zu wagen.

Anders die Dame im Pelz, der vielleicht das letzte über den Krieg gerettete Erbstück war: Sie blickt selbstbewußt dem Fotografen in die Kamera.

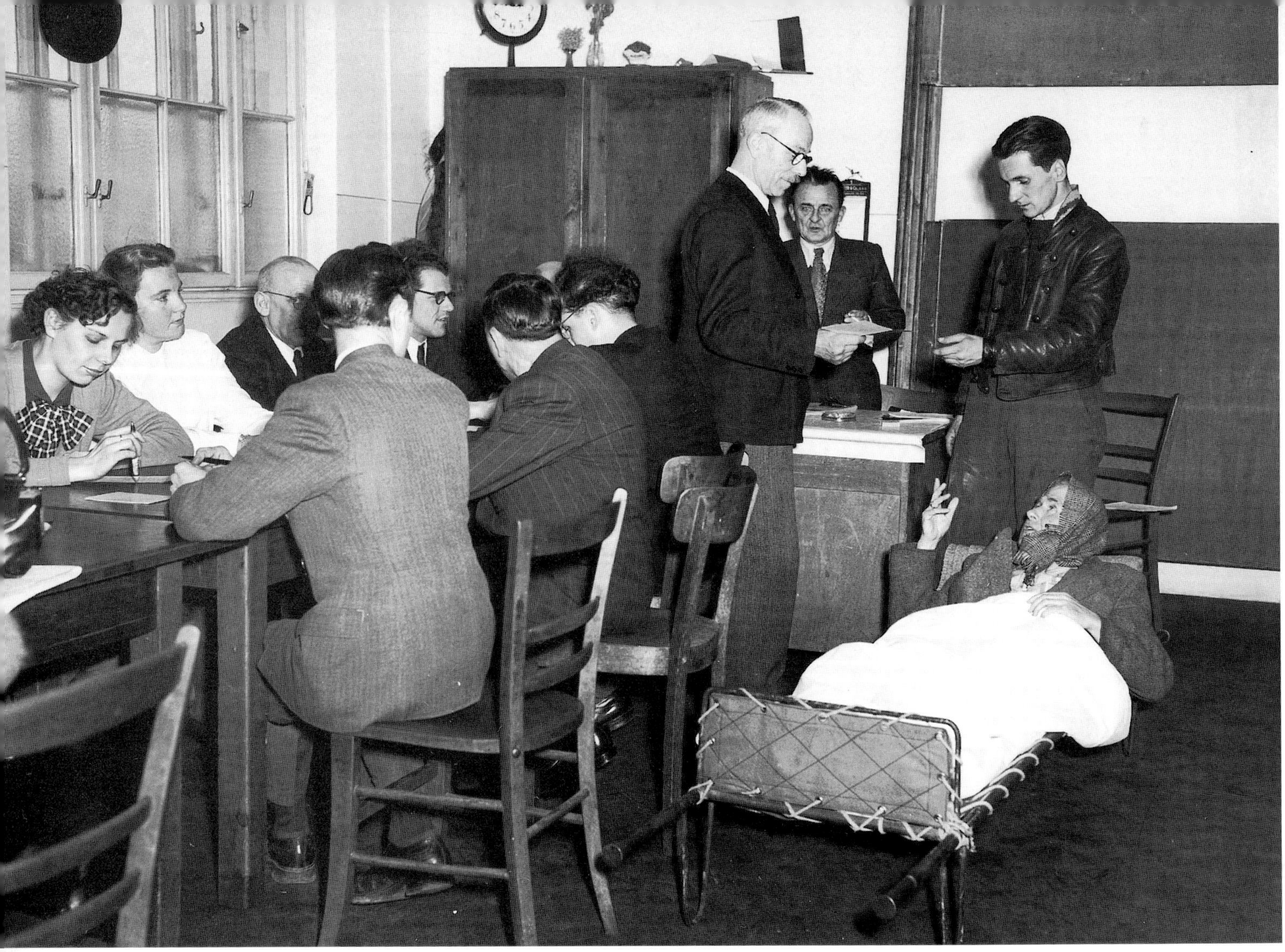

So wie bei jeder Wahl hieß es auch 1953 bei den Wahlen zum Nationalrat: „Auf jede Stimme kommt es an!". Und es wird immer fleißige Wahlhelfer geben, die eine alte, kranke Frau auf dem Notbett in die Zelle transportieren.

Alkoholverbot bis 20 Uhr: Der Gastwirt wartet hinter der Schank mit einer Apfelsaftflasche in der Hand auf bessere Zeiten (1953).

ALKOHOLVERBOT
HEUTE BIS 20^{00} UHR
Traminer
Rotwein
Wermut
Gespritzt

1945 von der Wahl ausgeschlossen:
Ehemalige Miglieder der SS-Formation „Großdeutschland" müssen unter Aufsicht amerikanischer Militärpolizisten Ziegel putzen und Schutt wegräumen (März 1946).

Am 8. Mai 1945 wurde die NSDAP mit all ihren Teilorganisationen und Wehrverbänden per österreichisches Verfassungsgesetz verboten, den Mitgliedern wurde Registrierungspflicht auferlegt, etwa 500.000 Personen waren vorerst auch vom aktiven und passiven Wahlrecht ausgeschlossen. Für kleinere Parteigenossen, die als Minderbelastete eingestuft worden waren, beschloß der Nationalrat unter Duldung durch die Alliierten bereits 1948 ein Amnestiegesetz, worauf sie bei den Wahlen zum Nationalrat 1949 die Wahlgemeinschaft der Unabhängigen (WdU, später VdU) mit 16 Mandaten ins Parlament brachten. 1953 waren nur mehr jene von den Wahlen ausgeschlossen, die unter das Kriegsverbrechergesetz fielen.

2. *Kapitel*

DIE ÖFFENTLICHEN EINRICHTUNGEN ARBEITEN WIEDER

In den anderen Zonen, bei Briten, Franzosen und Sowjets, wird es ähnlich zugegangen sein, diese Bilder jedenfalls verkünden: Ohne Amerikaner läuft nichts !

Österreicher warten in einer langen Schlange vor der Polizeistation in der von den Amerikanern besetzten Stadt Salzburg, um sich zur Arbeit registrieren zu lassen. Lebensmittelrationen erhält nur der Eigentümer einer Registrierungskarte (16. 6. 1945).

Am 15. 3. 1946 wurde im Wiener Fernamt die Vermittlung von Gesprächen wieder aufgenommen, welche zur Gänze von den Alliierten abgehört und zensuriert wurden. Ob die Telefonistinnen an den Fernklappenschränken eingeweiht waren, haben sie uns nicht verraten. Im Jahr 1949 wurden bereits täglich zwischen 15.000 und 20.000 Anrufer von 40 Beamtinnen „verbunden".

Am 4. Juli 1945 wird das Hauptpostamt in der Stadt Salzburg wiedereröffnet: Die höheren Beamten der Postverwaltung stehen stramm zur Feier des Tages, während Harry L. Bennett, US-Militärgouverneur von Salzburg, leger und mit Blumenstrauß den zufriedenen Ehrengast im Schalterraum verkörpert.

Als ob es etwas geschenkt gäbe, setzt sofort ein kaum zu bewältigender Kundenandrang ein.

Die Salzburger Arbeiterkammer hält am 13. August 1945 ihre Eröffnungssitzung im Mozarteum ab – unter österreichischer und amerikanischer Fahne!

Im Sommer 1945 waren in Österreich verschiedene gesetzliche Zahlungsmittel im Umlauf, zum Teil noch die deutsche Reichsmark, in Westösterreich aber auch sogenannte alliierte Militärschillinge.
Erst am 30. November wurde die einheitliche Schillingwährung eingeführt. Banknoten wurden gedruckt, aus Mangel an geeignetem Metall aber kaum Münzen geprägt.
Der Notenpresse bediente sich die Regierung sehr häufig, u. a. auch um die hohen Kosten für die Besatzungsmächte bezahlen zu können.
Der Geldumlauf erhöhte sich ständig und förderte inflationäre Tendenzen, die Deckung der Währung durch Reserven war mangelhaft. Waren, nach denen große Nachfrage herrschte, wurden gehortet und für lukrativen Naturaltausch verwendet.
All dies führte zu dem am 19. November 1947 beschlossenen Währungsschutzgesetz: Die alte Währung wurde nur bis zu einem Betrag von 150 Schilling pro Kopf im Verhältnis 1:1 in die neue umgetauscht, darüber hinaus mußte man 3 alte Schillinge für einen neuen bezahlen. Im Jahr 1945 eingefrorene Konten aus Reichsmarkumtausch wurden gestrichen, Guthaben öffentlicher Kassen gekürzt. So manchem ist also damals „das Geld umgefallen", die Wirtschaft im allgemeinen gesundete aber durch einen fast um die Hälfte reduzierten Banknotenumlauf und eine stärkere Währung.
Am 12. Dezember schrieb der „Wiener Kurier": „Nachdem sich gestern vor allen Wiener Geldumtauschstellen lange Menschenschlangen gebildet hatten und es wiederholt zu kleineren Zwischenfällen gekommen war, hat heute der Andrang der Bevölkerung vor den Banken bereits nachgelassen. Die ersten Wiener erschienen erst gegen 7 Uhr früh vor den Instituten, und es scheint sich allmählich doch die Erkenntnis durchzusetzen, daß es beim Umtausch auf einige Stunden früher oder später kaum ankommt."

Generalleutnant Geoffrey Keyes am 19. 2. 1947 bei seiner Ansprache zur Feier anläßlich der Rückstellung von Goldreserven aus der Zeit vor 1938 an die Österreichische Nationalbank. Leopold Figl als interessierter Zuhörer.
Die Reserven waren von amerikanischen Truppen in verschiedenen Verstecken in Westösterreich aufgefunden worden, wohin sie die Nationalsozialisten verbracht hatten.
Zu diesem Zeitpunkt war Keyes stellvertretender Kommandant der US-Armee in Österreich, im darauffolgenden Mai wurde er Nachfolger von Mark Wayne Clark als amerikanischer Hochkommissar und Mitglied des Alliierten Rates.

Im Wiener Münzamt lagerte von den amerikanischen Militärbehörden zur Verfügung gestelltes Aluminium zum Prägen der neuen österreichischen Schillingmünzen. Daraus wurde der „silberne“ Schilling mit dem Sämann als Münzbild (März 1946).

LANDERBANK WIEN

Der erste Tag für den Geldumtausch war der 11. Dezember 1947: So wie vor allen Bank- und Sparkassenfilialen stehen auch vor der Wiener Länderbank an der Ecke Lerchenfelder Straße/Albertgasse in der Josefstadt die Menschen Schlange. Die Wartezeit betrug laut „Kurier“ drei bis sechs Stunden.

Im Zuge der Wiedereinsetzung ziviler Gerichtsbarkeit leistet Hermann Garhofer seinen Amtseid als Landesgerichtspräsident von Oberösterreich. Am 14. Juli 1945 mußte das aber vor einer US-Militärbehörde in Linz geschehen.

„Jetzt haben wir Ihnen!" Ein Verdächtiger wird nach seiner Festnahme am Posten Leonding bei Linz durchsucht, im Jahr 1951 bereits ein ganz normaler Vorgang im Dienstalltag eines österreichischen Gendarmen.

Bereits 1946 gab es wieder eine Flugverbindung nach New York, allerdings vom amerikanischen Militärflugplatz Tulln-Langenlebarn aus. Zur Eröffnung wurde die Strecke von einer viermotorigen Lockheed Clipper der Panamerican Airways geflogen.

Auch „des Feuers Macht wird wieder bezähmt, bewacht“: In der Wiener Feuerwehrzentrale Am Hof fährt man einen Probebetrieb mit der neuen Brandmeldeanlage, an die 30 Melder von verschiedenen öffentlichen Gebäuden angeschlossen sind (März 1952).

Nach dem Krieg von den Alliierten als Deutsches Eigentum angesehen und beschlagnahmt, fahren die ersten Passagierschiffe der DDSG erst im Sommer 1952 wieder unter österreichischer Flagge von Linz nach Wien: Der Dampfer „Johann Strauß“ legt bei der Station Praterkai unterhalb der Reichsbrücke an.

Es stehen wieder Einsatzfahrzeuge zur Verfügung: Das Österreichische Rote Kreuz bekam von seiner amerikanischen Schwesterorganisation 6 Rettungswagen und 5 LKW geschenkt. Präsentation auf dem Wiener Rathausplatz (23. 10. 1946).

3. Kapitel

VOM UMGANG MIT DEN BESATZUNGSMÄCHTEN

Junge Wienerinnen beim Plausch mit amerikanischen Soldaten in einem Gastgarten. Die G.I.s waren sehr beliebt, denn bessere Charaktereigenschaften als Schokolade, Kaugummi, amerikanische Zigaretten und Nylonstrümpfe konnte man einfach nicht besitzen im August 1945.

An einem Kontrollpunkt der Militärpolizei am Stadtrand von Linz: Österreichische Zivilisten versuchen, im Gespräch mit dem Chauffeur eines amerikanischen Militärlastwagens eine Mitfahrgelegenheit zu ergattern (Sommer 1945).

Die hohe Meinung der Amerikaner von den Fahrkünsten der Österreicher: Warnung auf der Straße vom Militärflugplatz Tulln-Langenlebarn nach Wien vor Ochsenkarren, Radfahrern, Kindern und „unberechenbaren eingeborenen Lenkern“. Jede Fahrt ein Hasardspiel! (1950)

Dank dem polyglotten Wegweiser fanden auch die nur der cyrillischen Schrift mächtigen Sowjetsoldaten sicher zur Lungenheilanstalt Alland oder konnten von sich behaupten: „Ich kenn’ ein kleines Wegerl im Helenental!“ (1955)

ROAD TO VIENNA
HAZARDOUS
NARROW WINDING ROADS
CLUTTERED WITH OX CARTS,
CYCLISTS, CHILDREN AND
UNPREDICTABLE NATIVE DRIVERS

Helenental
Alland 16 km
ЕЛЕНЕНТАЛЬ
АЛЛАНД 16Км

Zwei Tage vor Weihnachten 1946 drängt sich eine Menschenmenge vor dem Gebäude der Österreichischen Nationalbank in Wien, um auf die Verteilung von CARE-Paketen zu warten: Ein einziges Geschenkpaket konnte die Bescherung und somit das Fest retten.

Sofort nach dem Öffnen wird die Schokolade verspeist, die Kaffeedosen gehören den Erwachsenen, und das Paket selbst dient als Sitzgelegenheit. CARE sorgt für alles (1948).

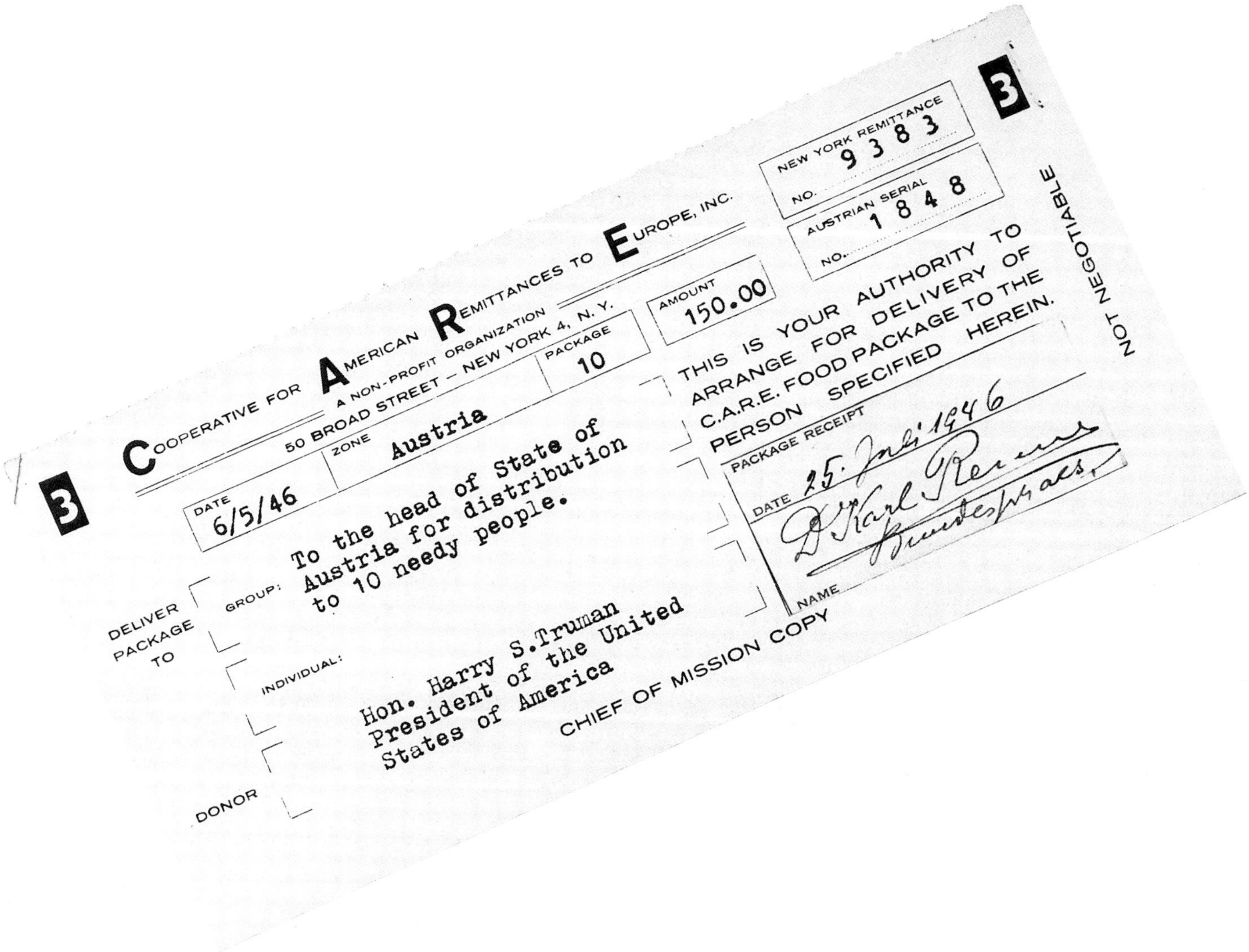
3

COOPERATIVE FOR AMERICAN REMITTANCES TO EUROPE, INC.
A NON-PROFIT ORGANIZATION
50 BROAD STREET – NEW YORK 4, N. Y.

NEW YORK REMITTANCE NO. 9383
AUSTRIAN SERIAL NO. 1848

3

DATE 6/5/46
ZONE Austria
PACKAGE 10
AMOUNT 150.00

THIS IS YOUR AUTHORITY TO ARRANGE FOR DELIVERY OF C.A.R.E. FOOD PACKAGE TO THE PERSON SPECIFIED HEREIN.

NOT NEGOTIABLE

DELIVER PACKAGE TO
GROUP: To the head of State of Austria for distribution to 10 needy people.
INDIVIDUAL:

DONOR Hon. Harry S.Truman President of the United States of America

PACKAGE RECEIPT
DATE 25. Juli 1946
NAME Dr Karl Renner Bundespräs.

CHIEF OF MISSION COPY

Von Dr. Karl Renner unterschriebene Empfangsbestätigung über die ersten zehn CARE-Pakete, die nach Österreich kamen. General Mark Wayne Clark hatte sie als persönliches Geschenk des US-Präsidenten Harry S. Truman im österreichischen Bundeskanzleramt übergeben (6. 5. 1946).

Inhalt eines CARE-Pakets aus dem Jahr 1947:
Neben C.A.C.-Schokolade auch so Köstlichkeiten wie das rein pflanzliche Backhilfsmittel Fluffo, das Milchpulver Nura, Hechers angereichertes Mehl und der Rohrzucker Domino.

Die CARE-Mission spendete auch geistige Nahrung: Hier erhielt die Wiener Universität wissenschaftliche Werke als Geschenk. Rektor Richard Meister in der Mitte, rechts von ihm der Dekan der rechts- und staatswissenschaftlichen Fakultät, Professor Johann Schima, links die Dekane der philosophischen und der katholisch-theologischen Fakultät, die Professoren Hans Leitmaier und Johann Kosnetter, begutachten die Bücher. Im Hintergrund freut sich der Geograph, Senator Johann Soelch. Anlaß für die akademische Feier war die Inauguration des Rektors für das Studienjahr 1949/50 (23. 11. 1949).

Eröffnung der Wiener Kunstausstellung am 19. Dezember 1945 in der Hofburg: Der französische Hochkommissar Emile Bethouard (links), US-Oberbefehlshaber Mark Wayne Clark und Bundeskanzler Leopold Figl betrachten Raffaels „Madonna im Grünen“, eines der nach Wien zurückgekehrten Gemälde aus dem Kunsthistorischen Museum.

Wiens Bürgermeister Theodor Körner mit Marte Harell im Kreise hoher amerikanischer Offiziere. Am 23. 3. 1946 wurde das Filmstudio Sievering durch die amerikanische ISB-Behörde wiedereröffnet. Die von den Nationalsozialisten gegen Kriegsende verschleppten Einrichtungen wurden von der US-Armee in Bayern gefunden und in das Wiener Atelier zurückgebracht.

USIS-Chef Brigadegeneral A.J. MacChrystal bei einem der wenigen Anlässe, bei denen er in der Öffentlichkeit in Erscheinung trat und die auch im Bild dokumentiert sind: Marte Harell bedankt sich für die vom General übergebene Lizenz für den ersten österreichischen Nachkriegsfilm, „Glaube an mich“, in dem sie neben Senta Wengraf, Ewald Balser und Rudolf Prack eine Hauptrolle spielte. Regie führte Geza v. Cziffra (25. 3. 1946).

Das Emblem des Ateliers.

Stilleben mit Camel, Lucky Strike und Chesterfield (1953).
Amerikanische Zigaretten waren die Ersatzwährung der unmittelbaren Nachkriegszeit, der Schleichhandel mit ihnen blühte aber auch noch in den Jahren danach.

Die angedrohten Strafen für unbelehrbare Missetäter sprechen für sich. Der Entgang an Tabaksteuern veranlaßte die Ministerien, welche das Monopol verwalteten, noch 1951, mit diesem Plakat zu drohen.

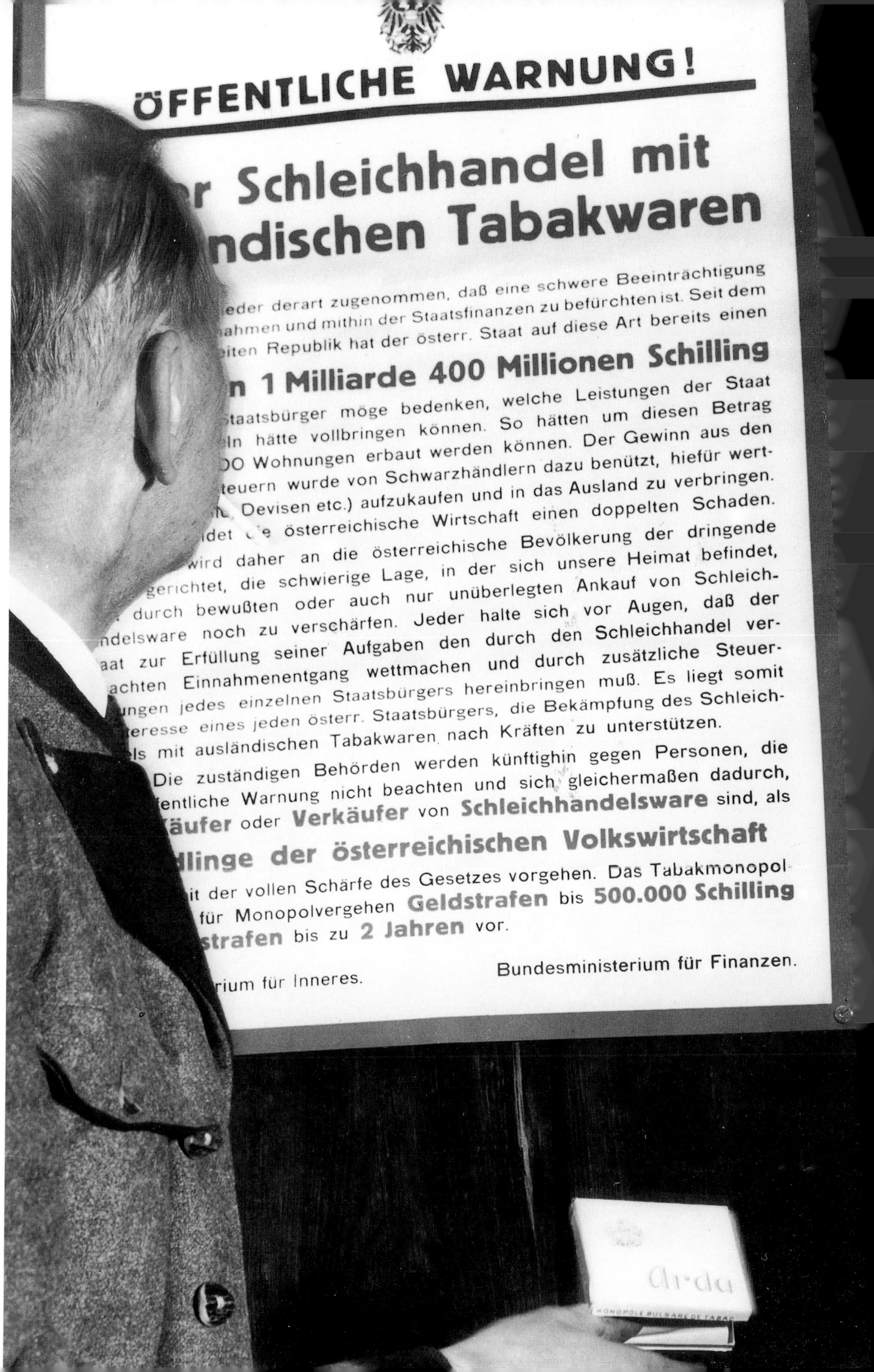
ÖFFENTLICHE WARNUNG!
r Schleichhandel mit
ndischen Tabakwaren
eder derart zugenommen, daß eine schwere Beeinträchtigung
ahmen und mithin der Staatsfinanzen zu befürchten ist. Seit dem
iten Republik hat der österr. Staat auf diese Art bereits einen
n 1 Milliarde 400 Millionen Schilling
taatsbürger möge bedenken, welche Leistungen der Staat
ln hätte vollbringen können. So hätten um diesen Betrag
00 Wohnungen erbaut werden können. Der Gewinn aus den
teuern wurde von Schwarzhändlern dazu benützt, hiefür wert-
Devisen etc.) aufzukaufen und in das Ausland zu verbringen.
ndet österreichische Wirtschaft einen doppelten Schaden.
wird daher an die österreichische Bevölkerung der dringende
gerichtet, die schwierige Lage, in der sich unsere Heimat befindet,
durch bewußten oder auch nur unüberlegten Ankauf von Schleich-
ndelsware noch zu verschärfen. Jeder halte sich vor Augen, daß der
aat zur Erfüllung seiner Aufgaben den durch den Schleichhandel ver-
achten Einnahmenentgang wettmachen und durch zusätzliche Steuer-
ungen jedes einzelnen Staatsbürgers hereinbringen muß. Es liegt somit
eresse eines jeden österr. Staatsbürgers, die Bekämpfung des Schleich-
ls mit ausländischen Tabakwaren nach Kräften zu unterstützen.
Die zuständigen Behörden werden künftighin gegen Personen, die
fentliche Warnung nicht beachten und sich gleichermaßen dadurch,
äufer oder Verkäufer von Schleichhandelsware sind, als
dlinge der österreichischen Volkswirtschaft
it der vollen Schärfe des Gesetzes vorgehen. Das Tabakmonopol
für Monopolvergehen Geldstrafen bis 500.000 Schilling
strafen bis zu 2 Jahren vor.
rium für Inneres.
Bundesministerium für Finanzen.
Arda

СМЕНА
КОМАНДОВАНИЯ
30.IV.53
Комендант г. Вена
СССР

Wie mag das wohl in den Ohren eines alten Österreichers geklungen haben? Ein Haus mit der noblen Adresse „Am Fasangarten“, das später den Namen „Maria Theresien-Kaserne“ tragen sollte, mußte als britisches Hauptquartier in Wien mit dem schnöden Namen „Schönbrunner Baracken“ vorliebnehmen!

Am letzten Tag jeden Monats wechselte im ersten Wiener Gemeindebezirk das „Stadtkommando“. Im Rahmen einer großen Militärparade vor dem Justizpalast oder auf dem Heldenplatz wurde der militärische Oberbefehl von einer Besatzungsmacht an eine andere übergeben, die dann die Kontrolle über die Innenstadt ausübte. Hier die Abbildung eines von der sowjetischen Kommandantur ausgestellten Passes für Pressefotografen, um der Übergabe zwischen Russen und Amerikanern beiwohnen zu dürfen.

Pro Artikel 30 Groschen Ersparnis, bei zehn verschiedenen Waren 3 Schilling: im Jahr 1951 noch der Gegenwert für (fast) ein halbes Kilo Zucker.

Die USIA (Uprawlenije Sowjetskowo Imuschtschestwa Awstrii – Verwaltung sowjetischen Besitzes in Österreich) entstand ursprünglich durch die Übernahme von Industriebetrieben, land- und forstwirtschaftlichen Kulturflächen und Bodenschätzen, die von den sowjetischen Besatzungsbehörden sämtlich als ehemaliges Deutsches Eigentum klassifiziert wurden, wie z. B. die Siemens-Werke oder die Mineralölverwaltung.
1949 wurden Verkaufsläden eröffnet, in denen Waren angeboten wurden, die ohne Kontrolle österreichischer Stellen importiert worden waren, für die keine Steuern oder Sozialabgaben bezahlt wurden, die in den sowjetischen Besatzungsbetrieben billigst produziert wurden und die deshalb immer unter dem Preisniveau der umliegenden österreichischen Geschäfte verkauft werden konnten. Der komplette Gewinn mußte an die sowjetische Militärbank in Wien abgeführt werden, und sie allein bestimmte auch über das Geschäftsgebaren der USIA-Betriebe.

Litfaß-Säule auf der Wiener Ringstraße mit symbolischem Bild: Die USIA-Kuh frißt sich an Österreich voll und wird in Moskau gemolken (1952).

1952 regte sich der Widerstand gegen die Besatzungsmächte immer deutlicher, wie diese beiden Plakate beweisen: Es wird sowohl der viersprachige Identitätsausweis, den jeder Österreicher seit Oktober 1945 beim Übertritt von einer Besatzungszone in die andere vorweisen mußte, kritisiert, als auch gefragt, ob man mit dem Geld, das die „Betriebskosten" für die alliierten Militärbehörden verschlingen, nicht etwas Nutzbringenderes für die österreichische Bevölkerung anfangen könnte.

Unter der cyrillisch geschriebenen revolutionären Parole die aufmüpfige Antwort: „Tod den Sowjets! Freiheit für Österreich!" Auf eine Hausmauer im Helenental gekritzelte Inschriften aus dem Jahr 1951.

POLIZEIDIREKTION WIEN
Polizeikommissariat DÖBLING
Nr. D334191/45
IDENTITÄTSAUSWEIS
IDENTITY CARD
CARTE D'IDENTITÉ
Удостоверение личности
Wie lange brauchen wir sie noch?

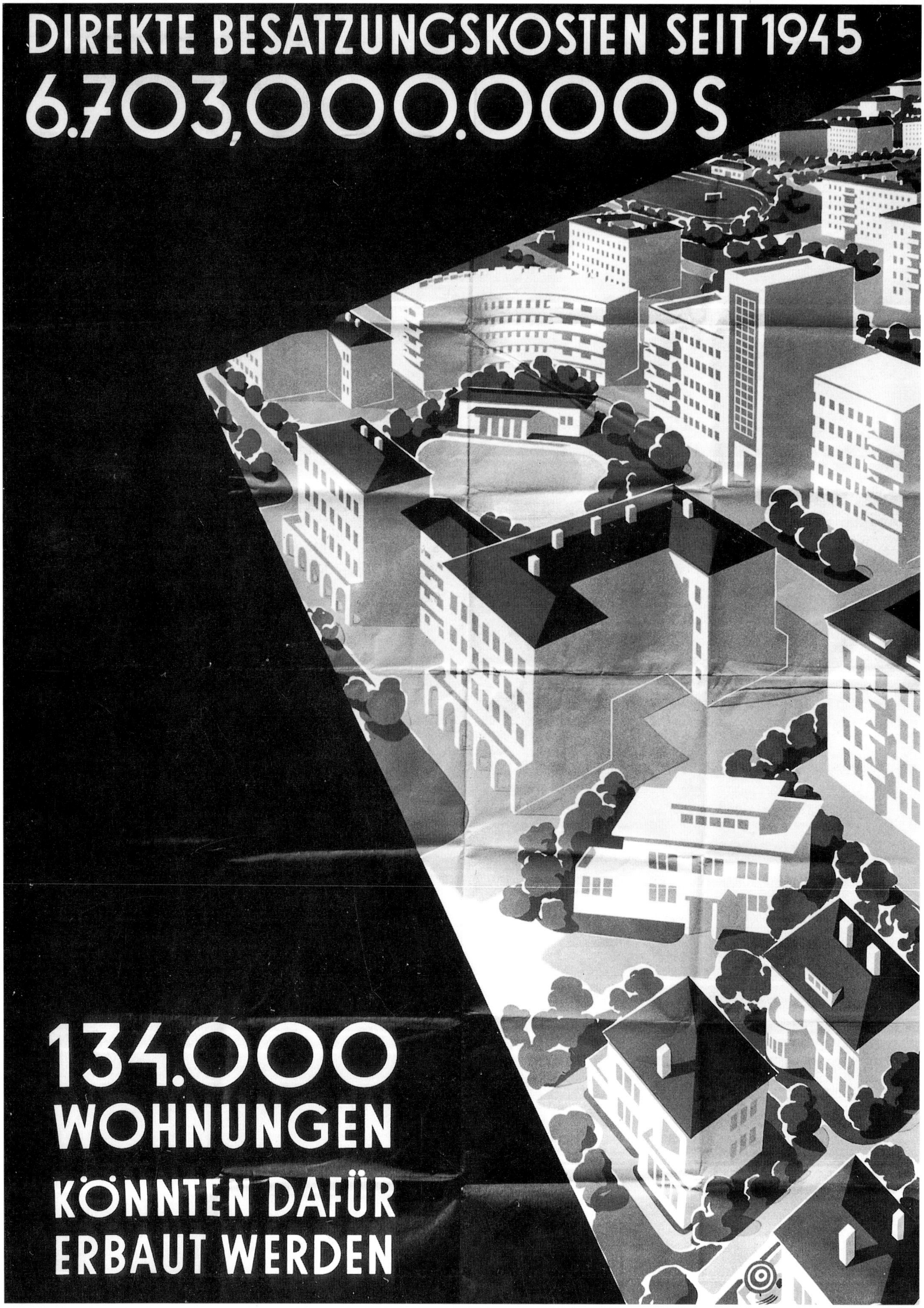
DIREKTE BESATZUNGSKOSTEN SEIT 1945
6.703,000.000 S
134.000
WOHNUNGEN
KÖNNTEN DAFÜR
ERBAUT WERDEN

4. Kapitel

POLITIKER VOLKSNAH
oder
WIE KOMME ICH GUT INS BILD

Saisoneröffnung im Wiener Volksprater: Stadtrat Karl Honay dreht, auf dem Holzpferd eines Ringelspiels reitend, eine Ehrenrunde (Mai 1949).

Theodor Körner erfreut sich als Wiener Bürgermeister großer Beliebtheit und sieht sich auf dem Johann Strauß-Ball im Rathaus von Autogrammjägern und -jägerinnen bedrängt (6. Juni 1949).

Der Floridsdorfer Schlingermarkt wurde wiedereröffnet, Bürgermeister und Vizebürgermeister haben bei einem derart historischen Ereignis anwesend zu sein: Der schwarze Alois Weinberger rät dem roten Theodor Körner bei einem Obststand lachend zu einem grünen Apfel (1948).

Eine fröhliche Runde um Leopold Figl im Keller der Familie in Weinzierl. Links vom Bundeskanzler sein Onkel Alois, rechts Dechant Wagner, der Pfarrer von Heiligeneich, hinter Figl sein Bruder Anton, dann der Leiter des Bundespressedienstes, Sektionschef Dr. Fritz Meznik, und Ferdinand Rabacher, Altbürgermeister von Rust im Tullnerfeld. Die Stimmung scheint blendend zu sein, und Übung macht den Meister im Aushandeln eines Staatsvertrags (1952).

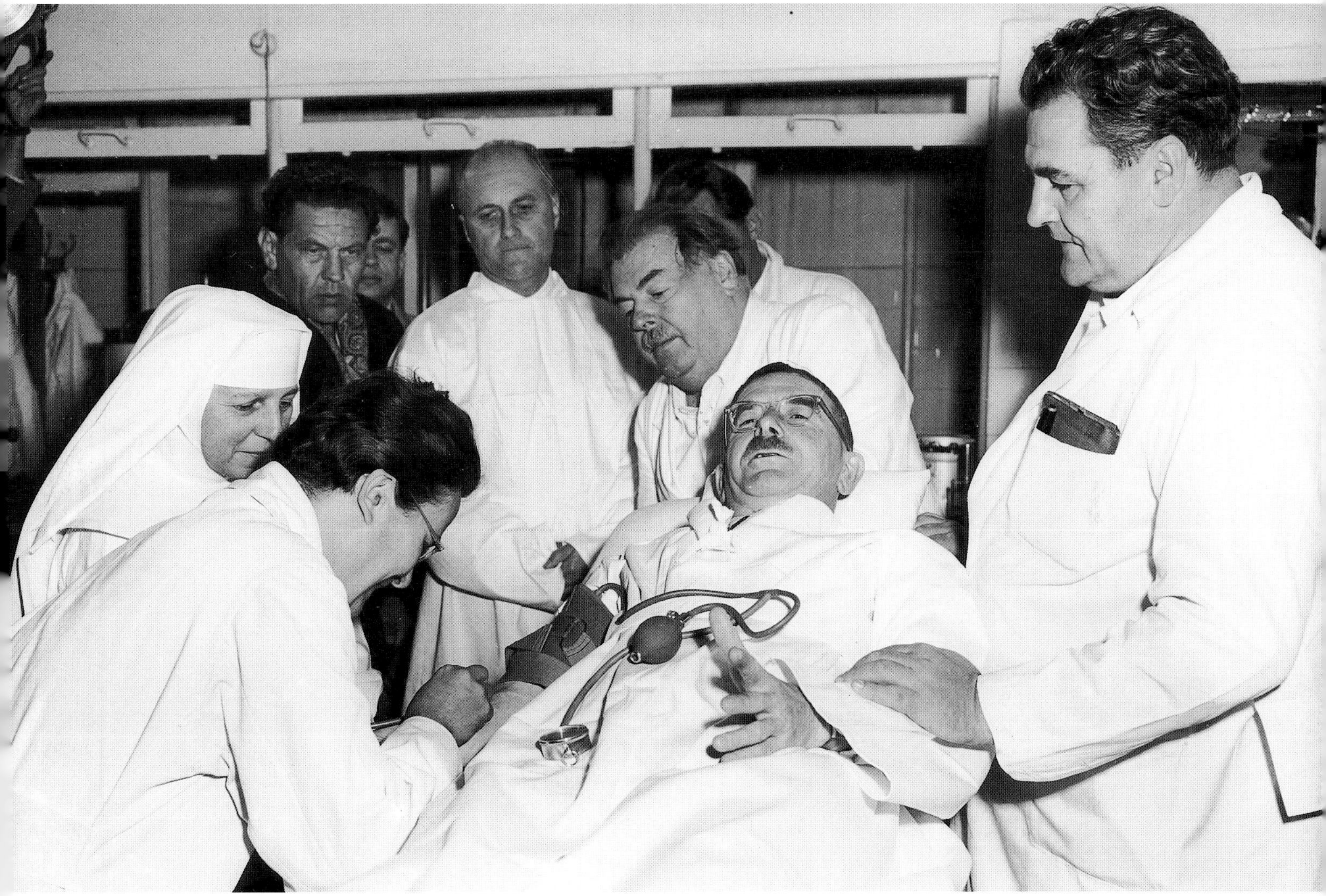

Blutspendeaktion für die neuerrichtete Blutbank des Roten Kreuzes an der 1. chirurgischen Klinik der Universität Wien im Allgemeinen Krankenhaus: Leopold Figl geht mit gutem Beispiel voran und legt sich auf das Spenderbett. Hinter dem Bundeskanzler der prominente Chirurg Professor Dr. Leopold Schönbauer (1952).

Salzburg greift nach Kärnten: Landeshauptmann Josef Klaus reicht seinem Kärntner Kollegen Matthias Kraßnig durch ein Loch in 2000 Meter Höhe die Hand. Der Anlaß war der Möllstollendurchbruch, ein entscheidender Schritt im Zuge der Errichtung der Kraftwerksanlagen Kaprun. Der Durchbruch erfolgte am 26. 5. 1952.

5. Kapitel

KALTER KRIEG AUF KLEINER FLAMME

Die Bezeichnung Kalter Krieg war seit dem Jahr 1947 für die auf nichtmilitärischem Gebiet ausgetragenen Auseinandersetzungen zwischen den von den USA und der Sowjetunion angeführten Machtblöcken gebräuchlich. Die eigene Position wurde durch Propaganda, Unterwanderung gegnerischer Institutionen und Geheimdiensttätigkeiten zu stärken versucht. Zu lokal begrenzten militärischen Konfrontationen, sogenannten „Stellvertreterkriegen", konnte es aber durchaus kommen, wie der Konflikt in Korea seit 1950 bewies.
Daß der Kalte Krieg in Österreich auf kleiner Flamme köchelte, war dem Umstand zu verdanken, daß unser Land weltweit ein Sonderfall war: Sowohl Vertreter der Westmächte als auch der Sowjetunion saßen in gemeinsamen Gremien mit kontrollierender und exekutiver Macht. Die vier Oberkommandierenden oder Hochkommissäre für Österreich bildeten den Alliierten Rat, vier alliierte Militärpolizisten fuhren gemeinsam im Jeep auf Streife.

Das letzte Exemplar des „Wiener Kurier“ wird der Verkäuferin von der Budel gerissen und geschwind noch gekauft, während ein Stoß liegengebliebener Zeitungen daneben den Beweis dafür liefert, daß kein Mensch die „Volksstimme“ liest. Das alles passiert noch dazu in Baden bei Wien, also in der sowjetischen Besatzungszone, und ein Fotograf vom „Wiener Kurier“ war natürlich dabei (1952).

WIENER
KURIER

Ab September 1945 gehörte Döbling zur amerikanischen Zone. Das Haus mit der vornehmen Adresse „Cottagegasse 63“ wurde aber erst 1951 von den Sowjets geräumt.

Stilleben I: leere Wodka- und Schnapsflaschen vor eingeschlagenen Fensterscheiben.

Stilleben II: Schnapsflaschen mit „Prawda“.

Auseinandersetzung zwischen kommunistischen Demonstranten und der Polizei vor dem Hotel Bristol anläßlich eines Wien-Besuchs von General Mark Wayne Clark, bis 1947 Oberbefehlshaber der US-Armee in Österreich (1950).

Das Interessante an beiden Aufnahmen besteht darin, daß sie mit hinter dem Mantel versteckter Kleinstbildkamera aus der Hüfte geschossen wurden und damals nicht zur Veröffentlichung bestimmt waren.

Blick auf russische Soldatenstiefel und Autokennzeichen in cyrillischer Schrift (1952).

Propagandaplakat der KPÖ aus dem Jahr 1952.

Der „Pestfloh-Brandweiner“ spricht auf dem „Völkerkongreß für den Frieden“ im Kursalon in Wien (1951).
Heinrich Brandweiner, a.o. Univ.-Prof. für Kirchenrecht in Graz, profilierte sich als Sachverständiger für die von der KPÖ vertretene These, daß die USA im Koreakrieg Bomben mit Pest-Bazillen abwürfen. Im „Wiener Kurier“ wurden daraufhin Dokumente veröffentlicht, die ihm eine illegale Mitgliedschaft in der NSDAP ab 1935 nachweisen sollten, außerdem verlieh man ihm den oben erwähnten Kosenamen.

... ch des

... n t r a l - K o m i t e e.

Politisches Büro

Verband österr. antifaschistischer Freiheitskämpfer:

Verband österr. KZ-ler und polit. Verfolgter:

Interessengemeinschaft der wegen ihrer Abstammung Verfolgten: FISCUS Emanuel, KOHN Michael, LEWIT Akim.

Verband demokr. Schriftsteller und Journalisten: Prof. Rudolf HOLZER, Oscar Maurus-Fontana, Prof. Ferd. KOEGL, Bruno FREI.

Stalingrad-Komitee, 4., Prinz Eugenstrasse 12
Dr. Hans GRUEMM.

Bund demokr. Lehrer und Erzieher Oesterr.: Wien 4., Prinz Eugenstrasse 12.
Obm.: Sekt.Rat Dr.Hugo BONDY, 13., Fleschg.8,
Stellv.: Prof.Dr. Rud.KRAICHEL, Wien 19.,

Oesterr. PEN-Club:
Franz Theodor CSOKOR, Kurt FRIEBERGER, Alexander SACHER-MASOCH.

Institut für Wissenschaft und Kunst:
Dr. Walter HOLLITSCHER, Fr. Engelbert BRODA, Prof.Dr. WINKLER, Halle/Saale, Prof. DOBRETSBERGER.
Präs.: N.R. Dr. ZECHNER.

Zentrales Arbeitslosen-Komitee, 3., Estepl.
Obm.: CZERWENKA Josef, 2., Lessinggasse 21,
Stellv.: KOBLIZEK Alfred, 3., Custozzag. 3

Mieterschutzverband Oesterreichs, 3.,Hetzg.42
Obm.: KARGER Franz, 13., Jul.Angererg. 21,46
Sekr.: SCHREDER Eduard, 2., Reichsbrückenstr.
Stellv.: PIERERFELLNER Frz., 8., Albertg.13

Kommunistische Gewerkschaftsfraktion:
HORN Otto, KODICEK Egon, KUNST Willi, DEUBLER Oskar, ZMEK Karl,

Freie Oesterreichische Jugend:
SCHWAB Hubert, BRENNING Hans, WACHS Walter, STEINER Herbert.

Bund demokratischer Frauen Oesterreichs: Wien 4., Margarethenstrasse 22.
SCHUETTE-LIHOTZKY Grete, 5., Hamburgerstr.14
FLOECKINGER Ida, Gemeinderät.Innsbruck.

Verband demokr. Handels- und Gewerbetreibender, 4., Schikanedergasse 12.
BAUERNSAX Anton, KRAL Eduard (KPOe. 4.,)

Sekretariat

Kader - Abteilung

Agitation- und Propag anda-Abteilg.

Kultur - Referat

Gegner-Ressort

Agrar - Abteilung

Massen - Organisation

Wirtschaftsabteilung

Gewerkschaftsabteilung

Jugend - Referat

Frauen - Referat

Sport - Abteilung

Gewerbetreibende

Nationalratsbüro.

Organisations-Büro.

Nationale-Liga: Obm.: HAIDNER Franz, 21.11.0 Baden, Antonsgasse 21, TRUGER Walter, SLAVIK Dr. Adolf.

Sozialistische Arbeiterpartei (SAP), 10., Favoritenstrasse.
SCHARF Erwin, PERNERSDORFER Franz.

Demokratische Union:
Obm.: Univ.Prof. Dr. DOBRETSBERGER.

Oesterr. Friedensrat, 7., Museumsstrasse 5:
Obm.: KOCK Erwin, 26., Gugging, FISCHER Ern.,
Franz Theodor CSOKOR.

Vereinigung demokratischer Studenten:
WOERZ Ernst, 22., Constanziagasse 44,
FOERSTER Franzi, 19., Langackergasse 22.

Oesterr.-Sowjetische-Gesellschaft:
Prof.Dr. Hugo GLASER, Dr. Otto LANGBEIN.

Interessengemeinschaft der Kleinhäusler und Kleinbauern:
GENNER Laurenz.

Hauptverband der Rentner:

Kleingärtner und Siedler:

Demokratische Vereinigung Kinderland:
Dr. JELENKO Gustav, STEIGER Otto, ROSKOSNY Josef.

JUNGE Garde; 4., Prinz Eugenstrasse 12:
ALTSCHUL Heinrich, KUBIN Otto, SINCLAIR Robert, SINCLAIR Friedericke, PÖTZL Gerti.

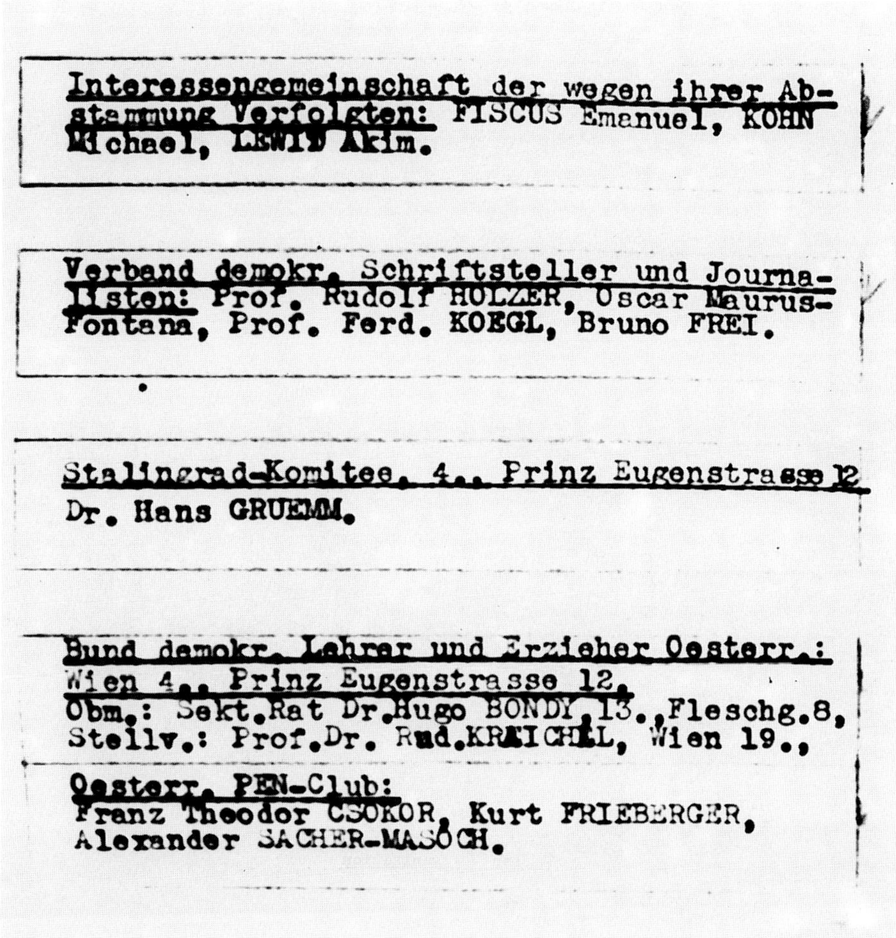

Interessengemeinschaft der wegen ihrer Abstammung Verfolgten: FISCUS Emanuel, KOHN Michael, LEWIN Akim.

Verband demokr. Schriftsteller und Journalisten: Prof. Rudolf HOLZER, Oscar Maurus-Fontana, Prof. Ferd. KOEGL, Bruno FREI.

Stalingrad-Komitee, 4., Prinz Eugenstrasse 12 Dr. Hans GRUEMM.

Bund demokr. Lehrer und Erzieher Oesterr.: Wien 4., Prinz Eugenstrasse 12. Obm.: Sekt.Rat Dr.Hugo BONDY, 13.,Fleschg.8, Stellv.: Prof.Dr. Rud.KRAICHEL, Wien 19.,

Oesterr. PEN-Club: Franz Theodor CSOKOR, Kurt FRIEBERGER, Alexander SACHER-MASOCH.

Nachrichtendienstliches Material aus dem USIS-Archiv:
Auf drei hektographierten Blättern aus dem Jahr 1952 wird der personelle und organisatorische Aufbau der KPÖ mit all ihren tatsächlichen und vermeintlichen Teil- und Unterorganisationen beschrieben. Damit war man sich auf amerikanischer Seite nun endlich klar darüber, wer die maßgeblichen Leute beim Mieterschutzbund und beim Kleingärtner- und Siedlerverband waren.
Auch der Bund demokratischer Schriftsteller und der PEN-Club wurden in diese Liste aufgenommen, also fanden sich hier Franz Theodor Csokor und Oscar Maurus Fontana als kommunistische Funktionäre wieder.
Besonders reizvoll ist diese Einstufung bei Fontana, war er doch von August 1945 bis Februar 1946 der erste Chefredakteur unseres „Wiener Kurier", bis der US-Spionageabwehrdienst C.I.C. daraufkam, daß er während des Dritten Reichs einige Artikel in der NS-Zeitschrift „Das Reich" publiziert hatte, woraufhin er seinen Sessel beim „Kurier" räumen mußte.
Welch herrliche Schlagzeile hätte sich daraus für ein Boulevard-Blatt machen lassen: „Chefredakteur der Zeitschrift der amerikanischen Streitkräfte auf Mitgliederliste der Kommunisten entdeckt!"

Parole auf dem Regattagelände An der Alten Donau in Wien (1950).
Sie existiert immer noch!

6. Kapitel

DIE MENSCHEN GEHEN IN DIE ÖFFENTLICHKEIT -

um gesellschaftspolitische Interessen durchzusetzen,
um die Tradition im Rahmen der eigenen Weltanschauung hochzuhalten
oder für das eigene Seelenheil!

Protestmarsch der Künstler und Wissenschaftler gegen den Notstand der Kultur. An der Spitze des Zuges zum Parlament Hedwig Bleibtreu und Otto Tressler (25. 3. 1954).

Demonstration gegen die unbezahlten Dienste der Gastärzte in Wiener Spitälern (14. 6. 1951).

Alles schon einmal dagewesen: Bereits im Jahr 1952 gibt es Streit um die Ladenschlußzeiten-verordnung, und Wiener Handelsangestellte protestieren dagegen vor dem Gebäude der Kammer der Gewerblichen Wirtschaft am Stubenring.

KAMMER
DER
GEWERBLICHEN
WIRTSCHAFT FÜR WIEN

Die Sozialistische Partei Österreichs feiert den 60. Jahrestag ihrer Gründung mit einem Aufmarsch in Hainfeld im Bezirk Lilienfeld in Niederösterreich. Das Haus, in dem die Partei ihre Geburtsstunde erlebte, ist im Juni 1948 allerdings nur mehr als Ruine zu besichtigen. Die Feier wurde um ein halbes Jahr vorverlegt, da in Wien gerade die Konferenz der Sozialistischen Internationale stattfand und die ausländischen Delegierten den historischen Tag würdigen wollten.

Das Hochamt zur Wiedereröffnung des Wiener Stephansdomes nach Beseitigung der Hauptschäden aus dem Zweiten Weltkrieg. Durchblick zum Hochaltar (19. 12. 1948).

Schlußkundgebung auf dem Wiener Heldenplatz anläßlich des Österreichischen Katholikentages (14. 12. 1952).

Erzbischof-Koadjutor Franz Jachym spendet auf dem Bahnsteig des Wiener Westbahnhofes den Pilgern einer Wallfahrt nach Lourdes seinen Segen (1954).

7. Kapitel

ZUSEHEN STATT FERNSEHEN

„Gemma schau'n, was dort los ist", heißt ein alter Wiener Spruch, und wenn jemand in den späten vierziger oder frühen fünfziger Jahren bei einem Spektakel oder besonderen Ereignis dabei sein wollte, so mußte er oder sie sich wohl selbst an den Ort des Geschehens begeben. Keine Television lieferte die Bilder entweder direkt oder als Aufzeichnung am Abend ins Haus. Wenn auch heute noch zu gewissen Anlässen wie Sensationsprozessen oder Schlußveranstaltungen der Klassenlotterie genügend Schaulustige auf die Beine zu bringen sind, so zeigen die folgenden Bilder, daß damals auch Himmelserscheinungen und die Präsentation von exotischen Jungtieren zu kleineren Völkerwanderungen Anlaß gaben.

Die Pummerin vor dem Schloß Schönbrunn (26. 4. 1952).
Die große Glocke des Wiener Stephansdomes, in der Gießerei St. Florian aus dem Metall ihrer bei einem Bombenangriff im April 1945 zerstörten Vorgängerin gegossen, wird auf dem Transport von Linz nach Wien in jedem größeren Ort, durch den die Reiseroute führt, von Menschenmassen empfangen und vom jeweiligen Bürgermeister mit einer Ansprache begrüßt. Erst recht die Wiener säumen von der Westeinfahrt bis zum Stock im Eisen-Platz die Straßen, um das drei Meter hohe Kunstwerk zu bestaunen.

Die Wiener Opernfreunde sind von einem ihrer Idole verlassen worden, Kammersängerin Maria Cebotari starb im Alter von 39 Jahren. Das Mitgefühl erregten besonders ihre beiden Söhne, die als Schulkinder im Jahr zuvor den Vater und nun auch die Mutter verloren hatten. Dem Trauerkondukt, der von der noch für den Wiederaufbau eingerüsteten Wiener Staatsoper wegzieht, wohnen tausende Menschen bei (13. 6. 1949).

Die Filmgesellschaft MGM schenkt dem Wiener Tiergarten Schönbrunn zwei junge Löwen. Nachdem bei jedem Vorspann eines Metro-Goldwyn-Mayer-Films ein Löwe aus dem Firmenlogo brüllte, war er gewissermaßen ihr Wappentier, die Symbolik mußte also jedem einleuchten.

Der aufgeputzte Präsentationswagen fährt vor, zwei junge Löwen im Käfig sind gut und schön, aber noch schöner sind vier weibliche Fotomodelle, im damaligen Sprachgebrauch als Pin-up-Girls angekündigt. Einen Hauch von Hollywood sollte das Ganze ja doch haben. Ereignet hat sich das alles zu Maria Himmelfahrt, am 15. 8. 1952, und (wieder einmal:) Tausende schauten sich lieber die Katzen an, als bei so einer Hitze ins Bad zu gehen.

Die Aussichtsplattform auf dem Dach der Wiener Sternwarte Urania quillt über von Betrachtern, die die Sonnenfinsternis am 30. 6. 1954 miterleben wollen.

Diesmal hat sich der Mond verfinstert, zwar nur partiell, aber der junge Mann in der kurzen Lederhose scheint trotzdem fasziniert zu sein von dem, was er im Fernrohr erblinzelt. Diszipliniert warten inzwischen die zahlreich erschienenen Freizeitastronomen auf den Aufstieg in die Kuppel des Teleskop-Raums der Wiener Volkssternwarte in Ottakring (5. 8. 1952).

Der Kassensaal der Österreichischen Postsparkasse in Wien ist bis auf den letzten Platz gefüllt während der Jubiläumsziehung zum 40jährigen Bestehen der Klassenlotterie am 5. 10. 1953, schließlich wollte jeder der Anwesenden sein Glück erzwingen. Aber Fortuna war auch damals schon blind, und gewonnen haben wieder die anderen.

Schauen, ob er eine „schöne Leich'" hat: Scharen von Wienern säumen den letzten Weg des „Deutschmeisterwolferls" auf dem Zentralfriedhof. Der Verstorbene war der letzte Tambourmajor des Wiener Hausregiments Hoch- und Deutschmeister (1952).

Bereits um fünf Uhr morgens stellen sich die Wiener an, um Zuhörerkarten für den Prozeß gegen Adrienne Eckhart im Landesgericht zu ergattern (16. 3. 1953).
Adrienne Eckhart, von der Presse als „Mörderin mit dem Engelsgesicht" betitelt, wurde trotz bis zum Schluß der Verhandlung aufrechterhaltenen Unschuldsbeteuerungen zu lebenslänglichem Kerker verurteilt. Als mildernde Umstände wurden ihr vom Gericht jugendliches Alter und „psychopathische Minderwertigkeit" zugestanden.
Beim Mordopfer handelte es sich um den Wiener Delikatessenhändler Josef Arthold, bekannt als „Cadbury-König", dem zuerst der Kopf mit einer Fleischmaschine eingeschlagen und anschließend der Hals durchschnitten worden war.

8. Kapitel

PRESSE & INFORMATION

Bevor es wieder Zeitungen gab, bevor sie sich der Großteil der Bevölkerung hätte kaufen können, gestaltete die Informationsabteilung der US-Armee Auslagen mit Propagandaplakaten und Fotodokumentationen. Andrang vor dem Photohaus Max Mann am Alten Markt in Salzburg (8. Mai 1945).

Groß war das Informationsbedürfnis einer Bevölkerung, die seit Jahren von der Welt abgeschnitten gewesen war, sofern sie nicht verbotenerweise ausländische Radiosender gehört hatte. Aber auch die widrigen Umstände bei der Produktion und der Papiermangel sorgten dafür, daß das tägliche Erscheinen einer Zeitung keine Selbstverständlichkeit war. In Schlangen anstellen mußten sich die Menschen in der ersten Nachkriegszeit um alles; daß sie es auch für den Kauf einer Zeitung taten, zeigt dieses Bild aus dem August 1945.

Der Kiosk vor dem Votivpark in Wien beweist, daß sich im Jahr 1953 niemand mehr um eine Zeitung anstellen mußte. Die Auswahl an in- und ausländischen Presseerzeugnissen stellte auch den „Ergokraten“, „Witzvogel“ oder „Unabhängigen“ zufrieden.

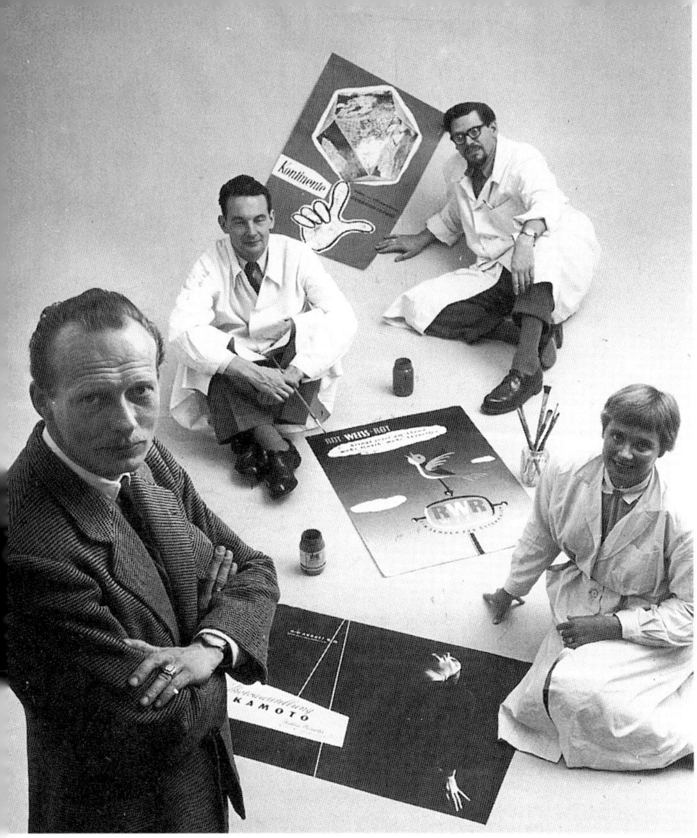

Mannigfaltig waren die Bemühungen der USIS, um durch Informations- und Wissensvermittlung auf breite Bevölkerungsschichten Einfluß zu nehmen.

Das Graphikerteam der USIS mit seinen vom Kulturamt der Stadt Wien preisgekrönten Plakaten (1954).

Gruppenbild mit Lenin, Trotzky und Stalin (ganz oben rechts): eines der im Jahr 1951 durch das Übersetzungsprogramm der Kulturabteilung der US-Armee in Österreich publizierten Bücher, erschienen in heimischen Verlagen.

Die Education Division innerhalb der USIS kümmerte sich um Lehrer und Schüler. Hier werden ihre Aktivitäten in einer Fotoausstellung präsentiert. Sie gab auch die Zeitschrift „Erziehung“ heraus.

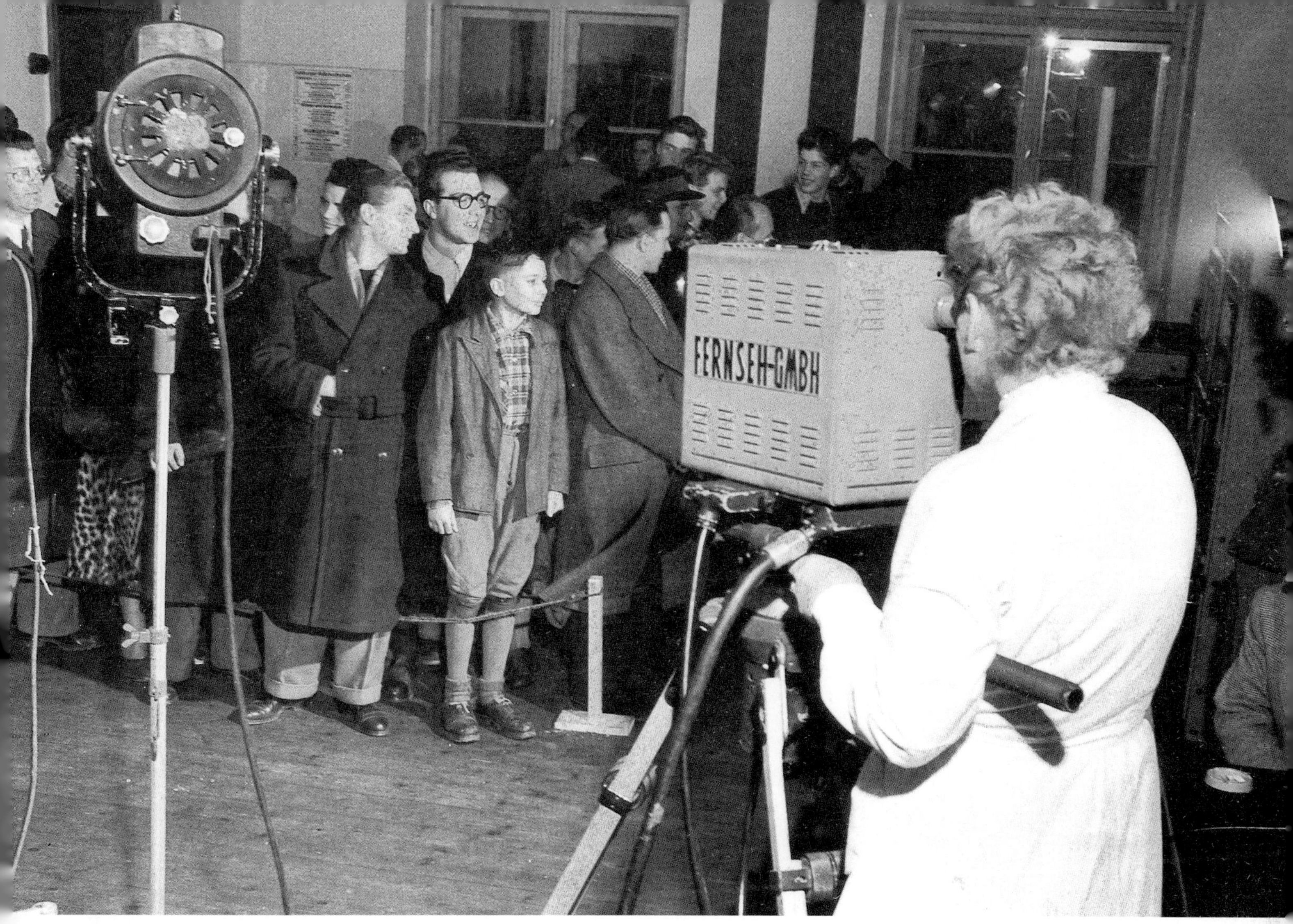

Eher belustigt nimmt das Publikum zur Kenntnis, daß es sich selbst auf einem Bildschirm sehen kann: Erste Fernsehaufnahmen in den Räumen der Salzburger Bundesgewerbeschule, Pionierarbeit leistet eine Kamerafrau! (5. 12. 1953)

Noch stehen für den täglichen Wetterbericht im Fernsehen keine Satellitenbilder zur Verfügung, deshalb läßt die Zentralanstalt für Meteorologie und Geodynamik auf der Hohen Warte in Wien erstmals einen Ballon mit Radiosonde ab (30. 11. 1951).

Technik im Musikstudio von „Rot-Weiß-Rot“ (1949).

Die Sendergruppe „Rot-Weiß-Rot“ brachte am 12. 4. 1946 eine Sondersendung zur ersten Wiederkehr des Todestages von US-Präsidenten Franklin D. Roosevelt. Raoul Aslan, damals Direktor des Wiener Burgtheaters, las Auszüge aus Roosevelts Reden. Neben ihm in amerikanischer Uniform der Programmdirektor des Senders, Ernst Haeusserman, 1959 Aslans vierter Nachfolger an der Burg.

Nächste Seite:
Die Lieferwagenflotte des „Wiener Kurier“ im Jahr 1951, einsatzbereit vor dem Gebäude der Druckerei Waldheim-Eberle in der Seidengasse in Wien-Neubau.
Das Haus war gleichsam ein Spiegelbild der politischen Veränderungen und wechselnden Besitzverhältnisse in der Mitte des 20. Jahrhunderts in Österreich: Nach dem Anschluß an Deutschland im März 1938 bis zu Kriegsende wurde hier die NS-Zeitung „Völkischer Beobachter“ gedruckt, von April 1945 an ließ die sowjetische Besatzungsmacht ihre „Österreichische Zeitung“ herstellen, ab August desselben Jahres bis zur Einstellung 1955 ging der amerikanische „Wiener Kurier“ an dieser Adresse in Druck, und erst mit dessen Nachfolger, dem „Neuen Kurier“, wurde ab 1954 wieder eine in österreichischem Besitz befindliche Zeitung ausgeliefert.

9. Kapitel

HEIMKEHRER

Während bis Ende des Jahres 1946 bereits eine halbe Million Österreicher von den Westalliierten aus der Gefangenschaft entlassen worden waren, traf der erste Transport aus der Sowjetunion erst im September 1947 ein, der letzte nach Abschluß des Staatsvertrages.
Besonders tragisch für viele Familien war die Verschleppung von Zivilisten, denen man ohne Beweise antisowjetische Handlungen zur Last legte. Für fast alle von ihnen war die Heimkehr erst nach 1955 möglich.
Von den aus rassischen oder politischen Gründen emigrierten Österreichern kamen einige sehr bald, die meisten aber nicht mehr zurück. Dazu äußerte sich Otto Bender in der „Kurier"-Kolumne „Offene Worte zu aktuellen Fragen" am 2. 7. 1947 ziemlich kritisch:

„Läßt Oesterreich seine Emigranten im Stich? Das Schicksal derer, die vor Hitler flohen.

. . . Die meisten sind nun fortgegangen mit dem festen Vorsatz wiederzukommen, wenn Hitler sein Regiment beendet hat. Jeder hat gewußt, daß es über kurz oder lang eintritt – aber wenige haben jetzt noch Lust, ihren Vorsatz durchzuführen. Und warum?
. . . Der Emigrant hat nämlich inzwischen die Beobachtung gemacht, auch wenn dies die Propaganda offiziell hin und wieder verschleiert, daß man ihn bereits aus der Reihe der „Dazugehörigen" gestrichen hat. Man geht fast so weit, zu meinen, es sei seine Schuld, daß er das grausame Bombenschauspiel nicht miterlebt hat, und fühlt sich bemüßigt, sein Augenmerk lieber auf die zu richten, die sich im Lande redlich genährt haben und es dabei ohne unredliches Hintertürchen doch nicht zustandegebracht hätten. Die, denen damals die Wahl zwischen Ausland und dem KZ blieb, wählten das Leben. Das also war ihre Schuld, derentwegen sie heute die ihnen seltsam im Ohr klingende Meinung ihrer Landsleute daheim hören. Sie lautet: Wir brauchen euch nicht, denn schaut, euch ging es besser als uns, weil ihr den Segnungen des Dritten Reiches entfliehen konntet . . .
Viele würden gerne zurückkommen, denn ihr Schicksal im Ausland ist oft nicht beneidenswert. Auch heute noch nicht. Den meisten ist es nicht gelungen, die fremde Staatsbürgerschaft zu erhalten, und viele gibt es, die sie nicht wollten. Viele brauchen zum Aufbau eines stabilen Lebens ihre Heimat. Wenn sie die Heimat aber nicht mehr braucht, werden sie in der Fremde zwar nicht daran zugrunde gehen, aber sie werden die Bitterkeit über das Land, in dem sie geboren sind, nie verlieren . . ."

ЛЬВ
1424

1948 wird auf dem Wiener Leopoldsberg ein vom Wiener Architekten und Bildhauer Mario Petrucci geschaffenes Heimkehrer-Gedächtnismal enthüllt. Alois Fleischmann, Präsident der Heimkehrerhilfe der ÖVP, hält die Eröffnungsansprache vor den Ehrengasten.

Auf dem Wiener Ostbahnhof treffen 27 aus sowjetischer Kriegsgefangenschaft entlassene Heimkehrer ein, für die sich Bundespräsident Theodor Körner persönlich in einem Appell an Josef Stalin verwendet hatte (1952).

Nach den Moskauer Staatsvertragsverhandlungen trifft am Frachtenbahnhof Bad Vöslau der erste Zugtransport mit Verschleppten und Gefangenen ein (29. 4. 1955).

Natalie Gerstl, gebürtige Wienerin und in der Emigration zur Amerikanerin geworden, kommt im Alter von 97 Jahren in ihre Heimatstadt zurück (1959).

Österreicher, die 1938 in die Emigration nach Amerika gegangen waren, kehrten 1945 sehr oft in der Uniform der US-Armee zurück. Zwei „Cultural Officers", der spätere Burgtheaterdirektor Ernst Haeusserman (ganz rechts) und (als 3.v.r.) Otto Pasetti Freiherr von Friedenberg, vor dem Krieg Schauspieler am Raimundtheater, holen im Auftrag des Senders „Radio Rot-Weiß-Rot" den amerikanischen Dirigenten Karl Krueger vom Wiener Westbahnhof ab (28. 3. 1946).

Helene Thimig und Fritz Kortner bei einer Leseprobe zum Schauspiel „Die Iden des März“ von Thornton Wilder im Wiener Kosmos-Theater (1953).

Rückkehrer im Gespräch: Marcel Prawy, Robert und Einzi Stolz vor der Premiere des Films „Open Door“ in Wien (1948).

Zurückgekehrt:
Im Kosmos-Theater in der Wiener Siebensterngasse, einem von den USIS betriebenen Haus, gibt die Diseuse Greta Keller mit dem jungen amerikanischen Bariton Robert Young einen Liederabend, begleitet von Norbert Pawlicki am Klavier (1952).

Heinrich Schnitzler, Regisseur und Sachwalter des literarischen Werkes seines Vaters Arthur, bei einem Vortrag im Kosmos-Theater (1954).

Friedrich Torberg signiert im Wiener US-Information Center in der Kärnterstraße sein Buch „Die zweite Begegnung" (1951).

Heimkehrer auch sie: die Meistergemälde des Wiener Kunsthistorischen Museums. Während des Krieges waren sie zum Schutz vor Bombenangriffen ins Salzbergwerk Altaussee ausgelagert gewesen. Zu Kriegsende versuchte der Wiener Gauleiter, Baldur v. Schirach, einige der wertvollsten Bilder beiseite zu schaffen. Sie wurden von den Amerikanern schließlich in St. Johann im Pongau entdeckt.
Hier wird die „Bauernhochzeit" von Pieter Breughel von der Franz-Josefs-Bahn auf den LKW verladen, der sie ins Kunsthistorische Museum bringen soll (Oktober 1945).

Auch die Urkunden und Akten des Wiener Haus-, Hof- und Staatsarchivs waren während des Zweiten Weltkrieges ausgelagert, und zwar in Dürnstein in der Wachau. Hier wird ein LKW für den Heimtransport beladen (1949).

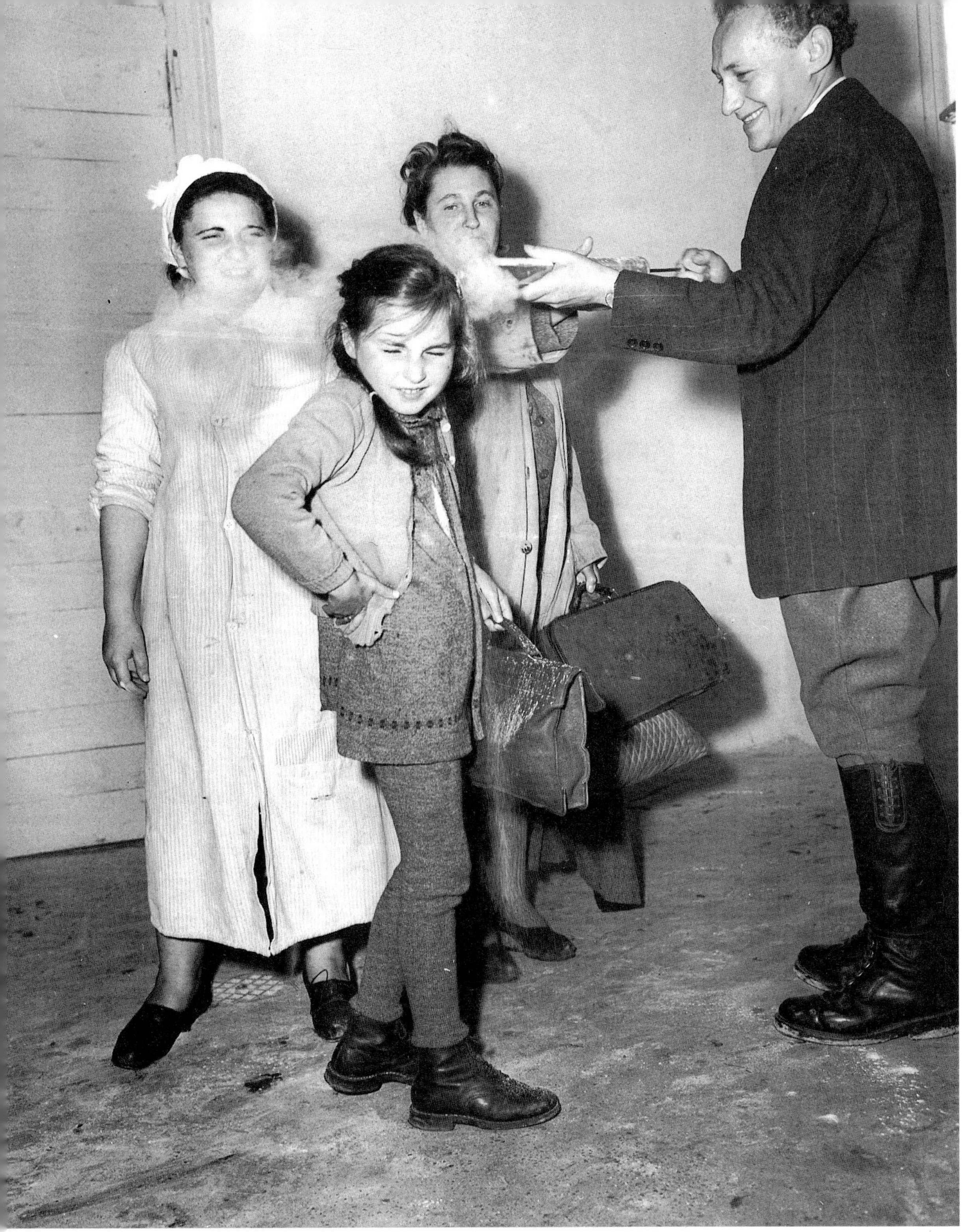

Das Rothschild-Spital am Währinger Gürtel in Wien wurde von den Amerikanern als Durchgangslager für osteuropäische Displaced Persons (D.P.) verwendet. Das war die Bezeichnung für verschleppte oder geflüchtete Menschen, die sich nach Kriegsende auf deutschem Reichsgebiet aufhielten. Sie wurden von Hilfsorganisationen entweder repatriiert oder in andere Staaten umgesiedelt. Zuvor wird desinfiziert, auch die Kinder werden tüchtig mit DDT eingesprüht (1946).

10. Kapitel

DER WEITE WEG ZU SPEIS UND TRANK

Alltag im Sommer 1945: Wenn es überhaupt Geschäfte gab, die Lebensmittel verkauften, dann mußten sich die Menschen, so wie hier in Linz, in langen Warteschlangen anstellen, um ans bescheidene Warenangebot zu kommen.

Selbst inmitten der Großstadt wird jede verfügbare Fläche zur Nahrungsbeschaffung genutzt: Eine Wienerin pflanzt in der Parkanlage vor der Votivkirche Gemüse an (Mai 1946).

Einen Acker brachliegen zu lassen, wäre im Juli 1945 einer Sünde gleichgekommen: Oberösterreichische Bäuerinnen bauen auf abgeernteten Weizenfeldern sofort wieder Gemüse an.

Salzburger Bauer inmitten seiner prächtig gediehenen Kartoffelstauden in „Himmelreich", gewachsen aus amerikanischem Saatgut, welches aus der Marshall-Plan-Hilfe zugeteilt wurde (1948).

Nahrhaft muß die Suppe gewesen sein, denn das kleine Mädchen Eva ist inzwischen erwachsen, außerdem „groß und stark“ geworden; das Bildarchiv der Österreichischen Nationalbibliothek, an dem sie arbeitet, profitiert davon.
Das Bild wurde während einer von den Amerikanern gemeinsam mit dem Schweizer Hilfswerk durchgeführten Ausspeisung in einem Kindergarten in Wien-Währing aufgenommen (1946).

Leicht gebessert dürfte sich die Ernährungslage bereits im Jahr 1948 haben, denn der Mandrill im Winterkäfig des Schönbrunner Tiergartens bekommt zu Weihnachten eine Schokoladetorte!

FROHE

Wenn das der Führer gewußt hätte: In einem ehemaligen Gauleiterbunker an der Brennerstraße in Tirol werden Champignons gezüchtet (1954).

Blick in die große Auslieferungshalle der Ankerbrotfabrik in Wien-Favoriten: Zum größten Teil sind 1950 noch Pferdefuhrwerke im Einsatz.

Voll angelaufene Zuckerrübenkampagne im Herbst 1954: Auch beim Transport zur Zuckerfabrik in Tulln sind die Pferdefuhrwerke in der Mehrzahl.

ANKERBROT

Die Qualität des Weines gibt wieder Anlaß zur Zufriedenheit: Weinbeißer mit berufsbedingt ausgeprägter Nase an der Schank eines Wiener Vorstadtbeisels (1954).

Schwechater Bier gelangt ab sofort 7,5grädig und in besserer Qualität zum Ausschank. Die Arbeit am Förderband der Brauerei ist Frauensache (1948).

Nächste Seite:
Hochbetrieb auf dem Städtischen Fischmarkt am Wiener Donaukanal: Weihnachtskarpfen werden in durchlöcherten Unterwasserbottichen gehalten und mit dem Anglernetz gefischt. Wir schreiben das Jahr 1950, und niemand hat Angst vor einer Salmonellenvergiftung.

42

11. Kapitel

ALS DAS WIRTSCHAFTSWUNDER NOCH SEHR KLEIN WAR

Der Oberbefehlshaber der US-Armee in Österreich, General Mark Wayne Clark, und Bundeskanzler Leopold Figl unterzeichnen die Dokumente für die Übergabe der VOEST in österreichisches Eigentum (16. 7. 1946).

In der heutigen hochentwickelten Industrie- und Wohlstandsgesellschaft ist es für die Wirtschaft die vordringlichste Aufgabe, beim Konsumenten die Nachfrage für die produzierten Waren und angebotenen Dienste zu wecken. Sehr oft wird deshalb behauptet, ein Produkt sei nur so gut wie Reklame und Marketing für dasselbe.
In der Nachkriegszeit stellte sich das Problem eher umgekehrt. Der Bedarf war da, aber wo fand sich eine leistungsfähige Wirtschaft? Die meisten Produktionsstätten waren durch Bomben zerstört, für den Handel und Warenaustausch mangelte es an Transportmitteln, für Investitionen war kein Kapitel vorhanden.
Der Normalverbraucher konnte gerade seine Grundbedürfnisse befriedigen, die zum Überleben reichen mußten; die behördlich verordneten täglichen Kaloriensätze waren in „Lebensmittelaufrufen" nachzulesen, Milch und Brot gab's nur gegen Bezugskarten. Da nicht sicher war, ob man für sein Geld überhaupt etwas bekommen würde, entwikkelte sich ein „blühender" Schwarzmarkt, auf dem amerikanische Zigaretten die eigentliche Währung bildeten. Man lernte, im Schleichhandel klug zu tauschen, nachdem man die hierzu benötigten Waren auf Hamsterfahrten oder ähnlich abenteuerlichen Wegen beschafft hatte.
Gründe für die und Auswirkungen der Währungsreform wurden bereits im 2. Kapitel behandelt; abgesehen davon ist aber nicht zu bestreiten, daß eine endgültige Erholung der österreichischen Volkswirtschaft ohne einen kräftigen Investitionsschub von außen nicht möglich gewesen wäre.
Dieser kam in Form des Europäischen Wiederaufbauprogramms, des sogenannten Marshall-Plans. Auf Initiative des US-Außenministers George C. Marshall beschlossen, wurde der Vertrag mit Östereich 1948 unterzeichnet, und noch im selben Jahr begannen Dollarmillionen in die österreichische Wirtschaft zu fließen. Die Amerikaner hatten durch dieses Hilfsprogramm natürlich auch einen neuen Absatzmarkt für die Produkte der eigenen Industrie erschlossen; außerdem konnten sie damit rechnen, daß ein Land mit gefestigter Volkswirtschaft bei der Abwehr des Kommunismus ein verläßlicher Partner sein würde.
Österreichs Entwicklung zu einem Gesellschaftssystem mit freier Marktwirtschaft war festgelegt. Trotzdem hatte das Land den höchsten Anteil an verstaatlichten Unternehmungen im „Westen" Europas. Einer der Gründe hierfür war, daß große Teile der Grundstoffindustrie im Dritten Reich der Kriegsproduktion gedient hatten und nach 1945 als Deutsches Eigentum klassifiziert wurden. Um diese Betriebe dem Zugriff vor allem der Sowjetunion zu entziehen, wurden fast alle in den Jahren 1946 und 1947 in den Verstaatlichungsgesetzen erfaßt.
Die Eisen- und Stahlproduktion, die Gewinnung von elektrischer Energie und der hierfür benötigte Bau von Kraftwerken, von denen Kaprun das großartigste war, die chemische Industrie und die Holzgewinnung lieferten in diesen Jahren den Hauptteil an Exportgütern, eine einigermaßen positive Handelsbilanz konnte Österreich aber nur duch einen florierenden Fremdenverkehr erreichen. Die Bauwirtschaft, die Industrie und auch der Dienstleistungssektor bezogen ihre Arbeitskräfte aus der vom Strukturwandel am stärksten betroffenen Landwirtschaft.

Mit dem Staatsvertrag und dem Abzug der Besatzungsmächte, mit der Rückgabe vor allem der Erdölquellen durch die Sowjetunion und mit allmählichem Auslaufen aller Reparationszahlungen stand Österreich 1955 endlich am Beginn eines „großen" Wirtschaftswunders.

Bereits im Jahr 1946 werden in einem Betrieb in der amerikanischen Zone in Wien hochwertige Radiogeräte hergestellt, von denen aber ein großer Teil als Reparationsleistungen an die US-Armee abgeliefert werden muß.

Beamte des österreichischen Sozialministeriums übernehmen im Jahr 1946 eine Hilfslieferung Penicillin von der UNRRA (United Nations Relief and Rehabilitation Administration, bis 1948 bestehende Wohlfahrtsorganisation der Vereinten Nationen).
Penicillin galt in der Nachkriegszeit als Wundermittel gegen Infektionskrankheiten, war eine begehrte Mangelware, was dazu führte, daß sich ein krimineller Schwarzmarkt mit verfälschten Produkten entwickelte.

Im Jahr 1955 wird Penicillin in ausreichender Menge in Österreich selbst produziert: Blick in ein Stockwerk mit Fermentbatterien der Firma Biochemie in Kundl in Tirol.

Frühe Leistungsschau des Wirtschaftsaufschwungs auf der Wiener Frühjahrsmesse 1949: Noch zieren die Fahnen der vier Besatzungsmächte das Hauptportal des Messepalasts.

Hermann Lindner mit einem von ihm konstruierten Traktor vor seinem Werk in Kundl in Tirol (1954). Lindner-Traktoren wurden wegen ihres Vierradantriebes und ihrer Geländegängigkeit von den österreichischen landwirtschaftlichen Betrieben sehr geschätzt.

LINDNER
TRAKTORENWERK
Lindner
DIESEL

Wie aus einem Reisebüroprospekt: Der Fremdenverkehr floriert in der Wintersaison 1951. Terrasse und Eisbar vor dem Hotel Schneider in Lech am Arlberg sind voll mit Urlaubern, Kirche und Berge im Hintergrund erstrahlen im Traumwetter.

Erfolgreiche Produkte müssen beworben sein: Die Firma Solo macht in der Ausstellung „Unser Wald“ Reklame mit einer riesigen Zündholzschachtel, damit die Leute sehen, wozu Bäume gefällt werden (1954).

Das erste nach dem Zweiten Weltkrieg neuerrichtete Schulgebäude in Wien: Volksschule Nordrandsiedlung in der Lavantgasse in Floridsdorf. Der Architekt hieß Thomas Lauterbach, der Stil war sachliche Moderne, die Eröffnung fand 1949 statt.

Wien bekommt ein Hochhaus, das Ringturm heißen wird. Architekt Erich Boltenstern wird auf der Plattform des 18. Stockwerks von Reportern des Senders „Rot-Weiß-Rot“ interviewt (1954).

Der neue Kran im Linzer Hafen mit einer Hubkraft von 6000 kg. Ankauf und Montage wurden aus Mitteln der Marshall-Plan-Hilfe finanziert (Juli 1950).

12. Kapitel

ERFINDERGEIST
oder
„HEIMAT, BIST DU GROSSER SÖHNE"

Amerika war das Land der unbegrenzten Möglichkeiten, dem es nachzueifern galt. Vom Hörensagen und aus der Zeitung wußte man auch hier in Mitteleuropa, daß dort drüben die Zukunft längst begonnen hatte. Wollte man bei uns alle acht Tage einmal Neuigkeiten aus aller Welt sehen, so mußte man zur „tönenden Wochenschau" ins Kino gehen. Ganz anders in den USA: Dort sollte es in jedem Haushalt Apparate geben, wo man täglich alle Neuigkeiten bewundern konnte, und das Zuschauen dabei hieß gar Fernsehen.

Um unter die Trockenhaube zu kommen, mußten die Frauen nicht mehr zum Friseur gehen, es gab sie auch für den Hausgebrauch; und der elektrische Dosenöffner für die Fertignahrung sparte Zeit in der modernen Küche. Dem technischen Fortschritt waren keine Grenzen gesetzt, alles würde irgendwann einmal machbar sein, so stand's schließlich in Hobby-Zeitschriften und utopischen Romanheftchen. Nur wenn das Wetter zu lange zu schlecht war, äußerte so mancher den Verdacht, daß „die mit ihren Atombomben alles zusammenhauen".

Wenn das Küchengeschirr und die Blumen einmal aus Plastik sein würden, warum sollte nicht auch ein Baum für besondere Anlässe aus beständigem Material erzeugt werden?

Wenn diese amerikanischen Jazzmusiker auf Instrumenten spielten, die elektrisch so verstärkt wurden, daß die Töne ganz fremd klangen, warum sollte man nicht einen völlig neuartigen Klangkörper bauen können?

Wenn es unseren Rindern im Winter zu kalt war, so mußte man eben weniger empfindliche züchten.

Und im Jahr 2000 würden sowieso die Roboter die Welt beherrschen!

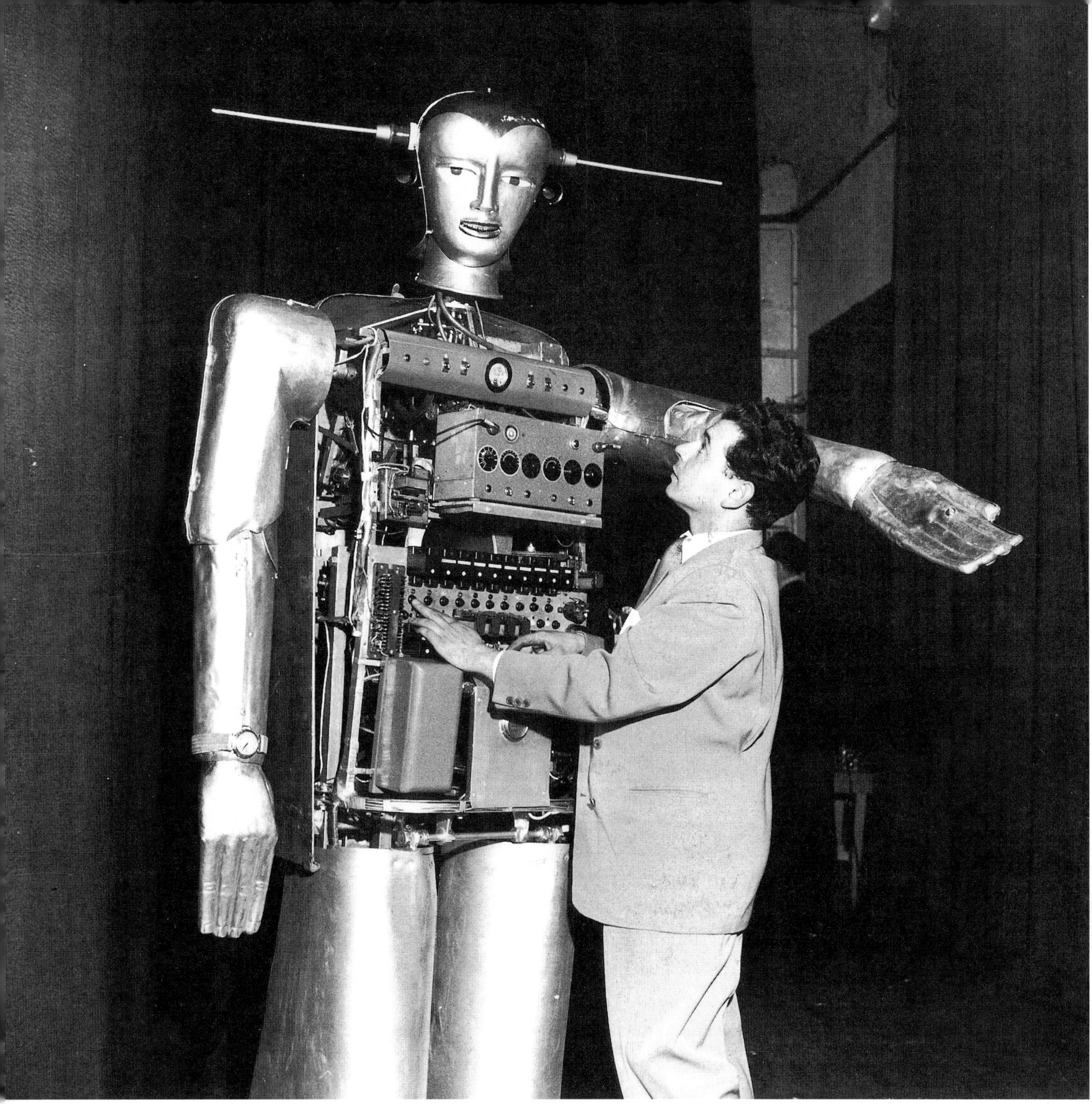

„Sabor“, der Maschinenmensch, wird von seinem Schöpfer, dem Schweizer Ingenieur Peter Steurer, in einem Linzer Kaufhaus vorgeführt (1952).

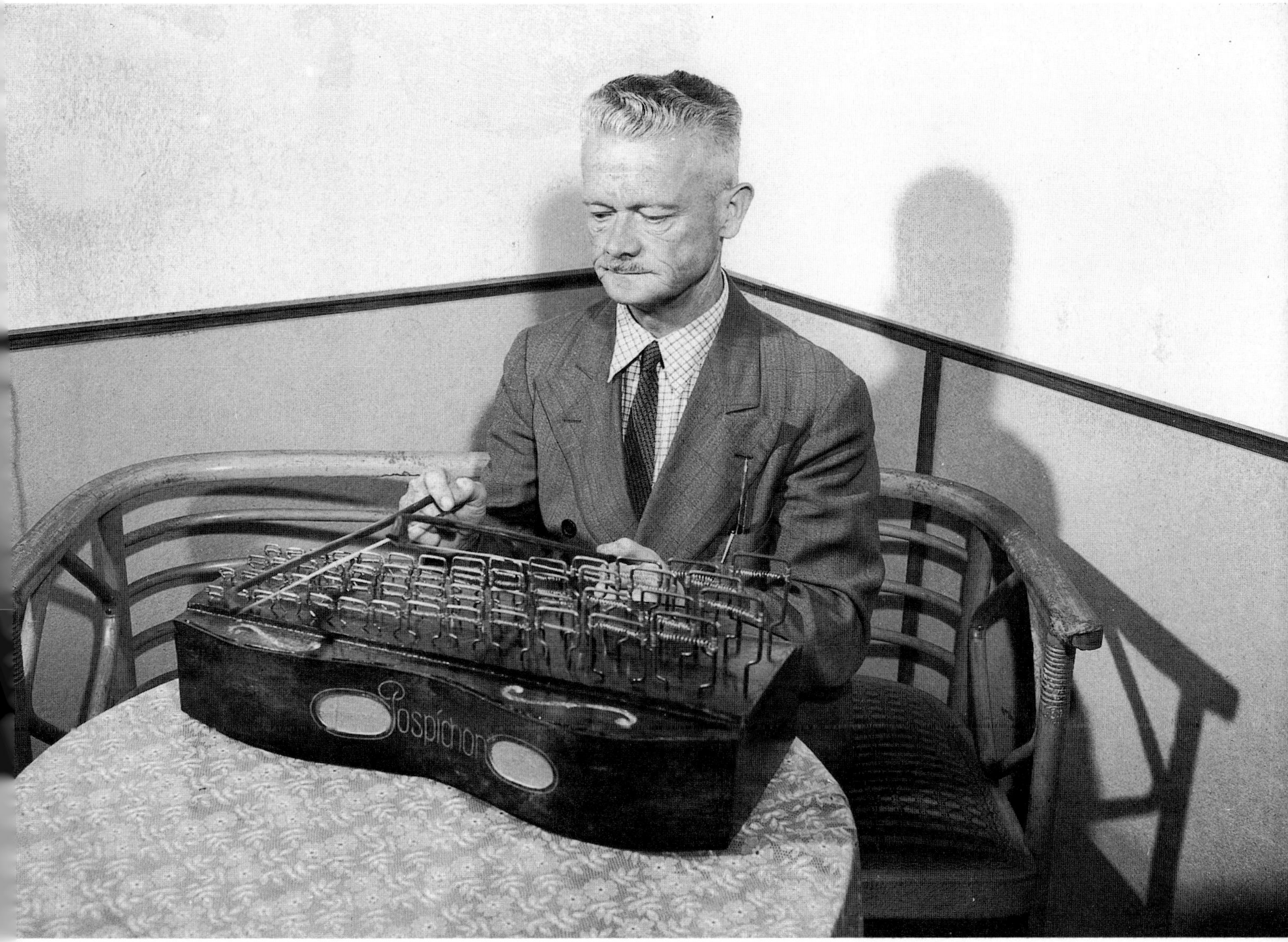

Das „Pospichon“ mit seinem Erfinder, dem Wiener Schriftsetzer Franz Pospischil: ein Streichinstrument mit einem Schallkasten aus Holz und Tonbügeln aus Stahl, das sich in der Musikwelt nicht durchsetzen konnte (1954).

Erwin Walter züchtet 1954 in Galtür im Paznauntal Rentiere – die Nachbarn fanden's läppisch.

Der Tiroler Förster Johann Klurbenschede erfindet eine Sparvariante des Christbaums: In den Metallstamm werden jedes Jahr zu Weihnachten frische grüne Zweige eingesetzt und zu Maria Lichtmeß wieder entfernt. Der Prophet galt 1954 nichts im eigenen Land.

Die Frauen waren Zielgruppe Nummer 1 für findige Geister. Da gab es ein „Neues Trockenverfahren für Muttermilch“, entwickelt von einem Wiener Arzt, das die Erhaltung der Hormone und Vitamine garantierte, „Säuglingspflege ohne Windeln“ mit Hilfe der „Säuglingstoilette“ und ein „Tragnetz für Kinder“. „Wenn das so weitergeht, wird die Hausfrau im Jahr 2000 tatsächlich arbeitslos sein. Mit Staubsaugern, elektrischen Bodenbürsten, strombetriebenen Zerkleinerungs- und Mixgeräten oder ähnlichen Lappalien geben sich die Erfinder gar nicht mehr ab . . . Sie zweifeln nicht daran, daß in Kürze ein elektrischer Herd konstruiert sein wird, dessen Temperatur auf ein paar Grad genau einzustellen und laufend am elektrischen Fernthermometer abzulesen ist. Dieser Herd wird klüger sein, als seine Besitzerin: wenn sich das Wasser verkocht hat, sinkt automatisch die Temperatur so weit, daß ein Anbrennen des Gemüses ausgeschlossen ist.
Aber was nützt der schönste Herd, wenn das Bratfleisch von Natur aus zäh ist? Die Elektrizität soll dieses Problem lösen. In Zukunft soll man schon beim Fleischhauer nur Ware bekommen, die durch Elektrobehandlung weich und saftig geworden ist . . .
Eine nette Errungenschaft der kommenden Jahrhunderthälfte, die der Hausfrau sogar das Bedienen des Lichtschalters abnimmt, wird die Erfindung ‚Sonnenlicht in Konserven‘ (Patent angemeldet) sein. Man will bereits in das Baumaterial phosphoreszierende Substanzen mengen, die des Nachts das bei Tag aufgenommene Sonnenlicht abgeben und damit ‚normales‘ Licht überflüssig machen . . .“ (1. 2. 1950).

„Volk, begnadet für das Schöne“: Frau trägt wieder originellen Kopfschmuck.
Die Frisur „Ätherwellen“ erreichte beim Grand Prix der Friseure 1954 im Wiener Konzerthaus den 3. Preis.

Übernächste Seite:
Die neue Frühjahrsmode 1953: Vegetarierin zeigt ihre Gesinnung durch das Tragen eines Huts aus frischem Suppengemüse.

4

13. Kapitel

MODERNISIERUNG HEISST ELEKTRIFIZIERUNG

Vordringlichstes Ziel bei der Erneuerung der Österreichischen Bundesbahn war die Elektrifizierung der Westbahnstrecke: Blick auf die Gleisanlagen und die Oberleitung im Bahnhof Attnang-Puchheim nach Abschluß der Arbeiten 1949.

SEMMERING

Der „Amerikaner-Triebwagen“ während seiner Probefahrt auf der Linie 131 nach der Floridsdorfer Brücke. Die Wiener Stadtwerke kauften Wagen dieses Typs in New York, wo immer mehr Straßenbahnlinien eingestellt wurden, günstig ein (1949).

Bau der zweiten Tunnelröhre für die Semmeringbahn. Verkehrsminister Vinzenz Übeleis löst die erste Sprengung aus (8. 9. 1949).

„Der blaue Blitz“, der Triebwagenzug mit Dieselmotor, der auf den noch nicht elektrifizierten Hauptstrecken die Dampflokomotive ablöste. Aufnahme nach einer Probefahrt im Winter 1952.

Deine Stimme
den
Krimmler Fällen
Die Krimmler Wasserfälle
Nie und nimmer
Deine Stimme

Die Krimmler Wasserfälle, unterer und mittlerer Fall, vom Rastplatz aus gesehen.

1953 tauchte der Plan auf, die Krimmler Ache in die Turbinen des Gerlos-Kraftwerks umzuleiten, was eine Zerstörung der Wasserfälle bewirkt hätte. Aber schon damals gab es Bürgerinitiativen zum Schutz der Natur, wie über 10.000 in einer Protestaktion gesammelte Unterschriftenlisten beweisen.

1951 wurden die Dörfer Kaltenberg und Lichtenegg im Bezirk Wiener Neustadt an das Stromnetz der NEWAG angeschlossen.

„Der erste Tag ohne Petroleumlampe“: Bauernfamilie schaltet in ihrer Wohnstube zum ersten Mal das elektrische Licht ein.

Aus diesem Anlaß wurde eine „Lichtfeier“ abgehalten, bei der Kardinal Theodor Innitzer das Transformatorenhaus segnete.

Nächste Seite:
Elektrouhr für den neuen Wiener Westbahnhof: Ihr Durchmesser beträgt 5 Meter, die Zeiger und Stundenzeichen sind aus Neonröhren. Davor ein Mensch zum Größenvergleich (1951).

14. Kapitel

„JEDER MUSS SICH HEUT MOTORISIEREN ... "

„... schließlich liebt der Mensch von heut den Sport,
ich weiß zwar meist nicht, wo ich hinfahr',
aber dafür bin ich schneller dort!"

Aus dem Kabarettsong „Der Halbwilde" von Gerhard Bronner stammen die obigen, frei zitierten Zeilen. Und obwohl sie Helmut Qualtinger im Jahr 1956 kongenial interpretierte und sie eine Parodie auf die Verliebtheit des Halbstarken in sein Motorrad, die „Maschin", waren, scheinen sie doch auch ein Resümee der Einstellung zur Motorisierung in den Jahren zuvor zu sein: Das Wichtigste im Umgang mit dem eigenen Vehikel ist nicht das Ziel der Fahrt, sondern das Fahren an sich. Die Mobilität ist ein Ausdruck der neu gewonnenen Freiheit.

Nächste Seite:
Tausende geparkte Motorräder, und weit und breit kein Auto zu sehen. Die Praterwiese vor dem Wiener Stadion während des Fußballänderspiels Österreich gegen Portugal im September 1953.

W 25.682
W 34.261
W 36.088
9.937
W 12.443
W 13.452

W 35.535

Architekturmodell für das Bauvorhaben „Opernpassage“ in Wien, ausgestellt im US-Information Center in der Kärntnerstraße (1954).
Damit die Fußgänger auf der frequentierten Opernkreuzung nicht der Straßenbahn und den immer zahlreicher werdenden Autos in die Quere kommen konnten, mußten sie unter die Erde.
Schon im Oktober 1951 titelte der „Kurier“: „Bei der Oper: Wiens gefährlichste Kreuzung“ und berichtete, „. . . daß in der Minute 13 Fahrzeuge über die Opernkreuzung rollen. Von insgesamt 68.118 zur Zeit in Wien gemeldeten Fahrzeugen fährt daher theoretisch jedes vierte einmal täglich über die Opernkreuzung . . . Zwischen Jänner und September zählte man dort 130 Verkehrsunfälle, bei denen 47 Personen zum Teil schwer verletzt wurden . . .“.

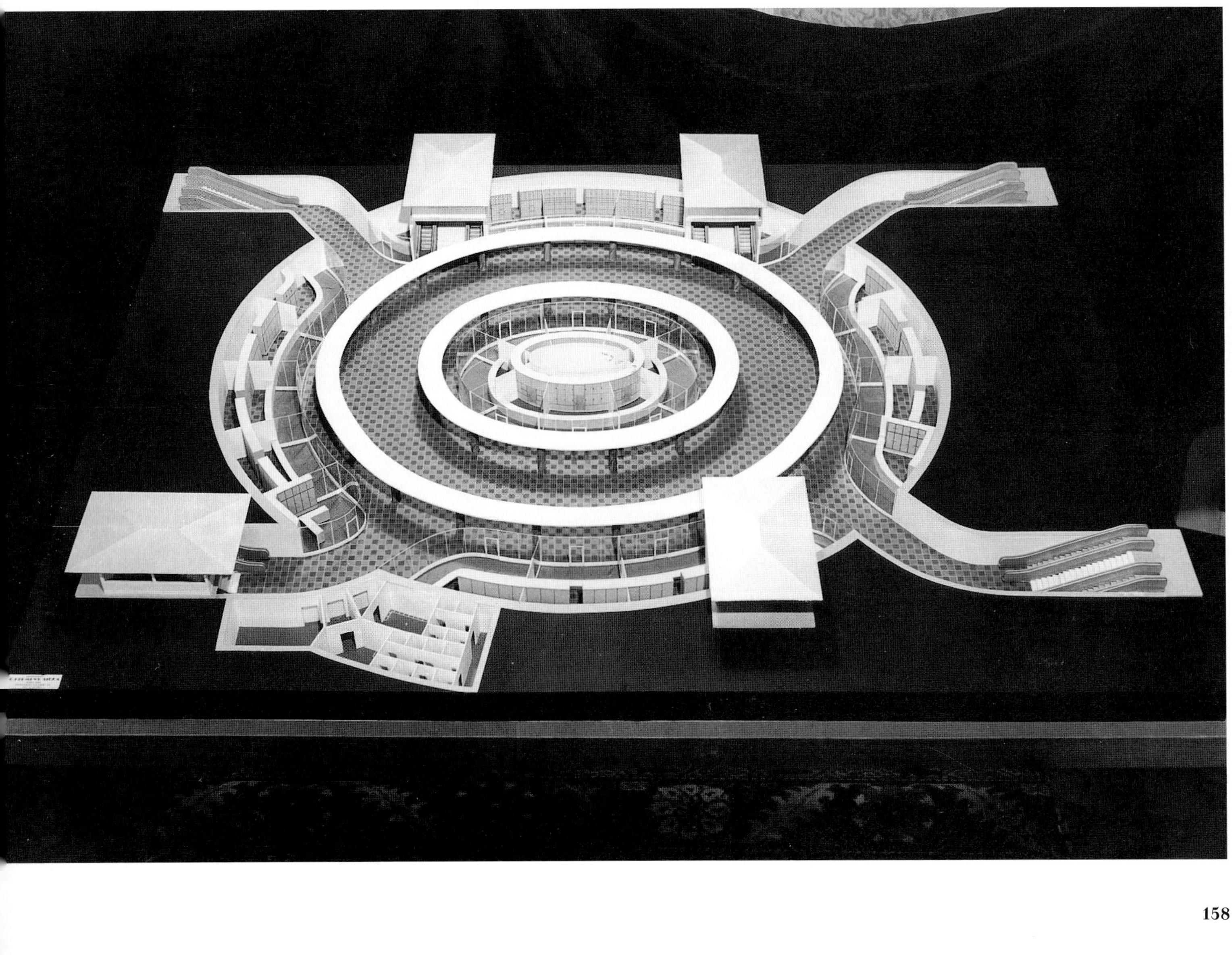

Auf der Westautobahn bei Salzburg im Jahr 1954: Beim Spatenstich für das Teilstück Hallwang-Eugendorf haben sich Zuschauer mit Transparent eingefunden, aber nicht protestierend, sondern applaudierend!

Prototyp eines Motorrollers der Lohner-Werke, der italienischen Vespa nachempfunden. Ein jugendliches Fahrzeug für gesetztere Herren (1950).

Auch der Pannendienst des ÖAMTC war einspurig unterwegs, und zwar auf einer Puch SG 250 mit Beiwagen (1954).

Wer braucht den Kofferraum eines Autos, wenn es den kardanischen Anhänger „Boy Spezial“ gibt? Vorgeführt in der Krieau 1952.

Der ÖAMTC veranstaltete Motorrad-Meetings auf dem Trabrennplatz Krieau im Wiener Prater: Start für die Speedway-Solomaschinen vor der Haupttribüne (1949).

W 11·915
W 45.127

C-40379
UNITED STATES OF AMERICA
119

JOHANN REISCH
NO PARKING

Zunehmende Motorisierung fordert Verkehrserziehung von Kindesbeinen an: Verleihfirma für Kinderautos veranstaltet im Wiener Esterházy-Park geregelten Kreisverkehr rund um den Flakturm (1954).

Amerikanischer Luxus auf vier Rädern:
„Adler 4 Special"-Sportwagen: Besitzer Harold L. Vose, Leutnant der US-Armee, als Teilnehmer an der von Zell am See ausgehenden Alpenfahrt (1949).

Chevrolet, von seinem Besitzer nach Havarie in der Schmidgasse in Wien-Josefstadt herrenlos zurückgelassen (1951).

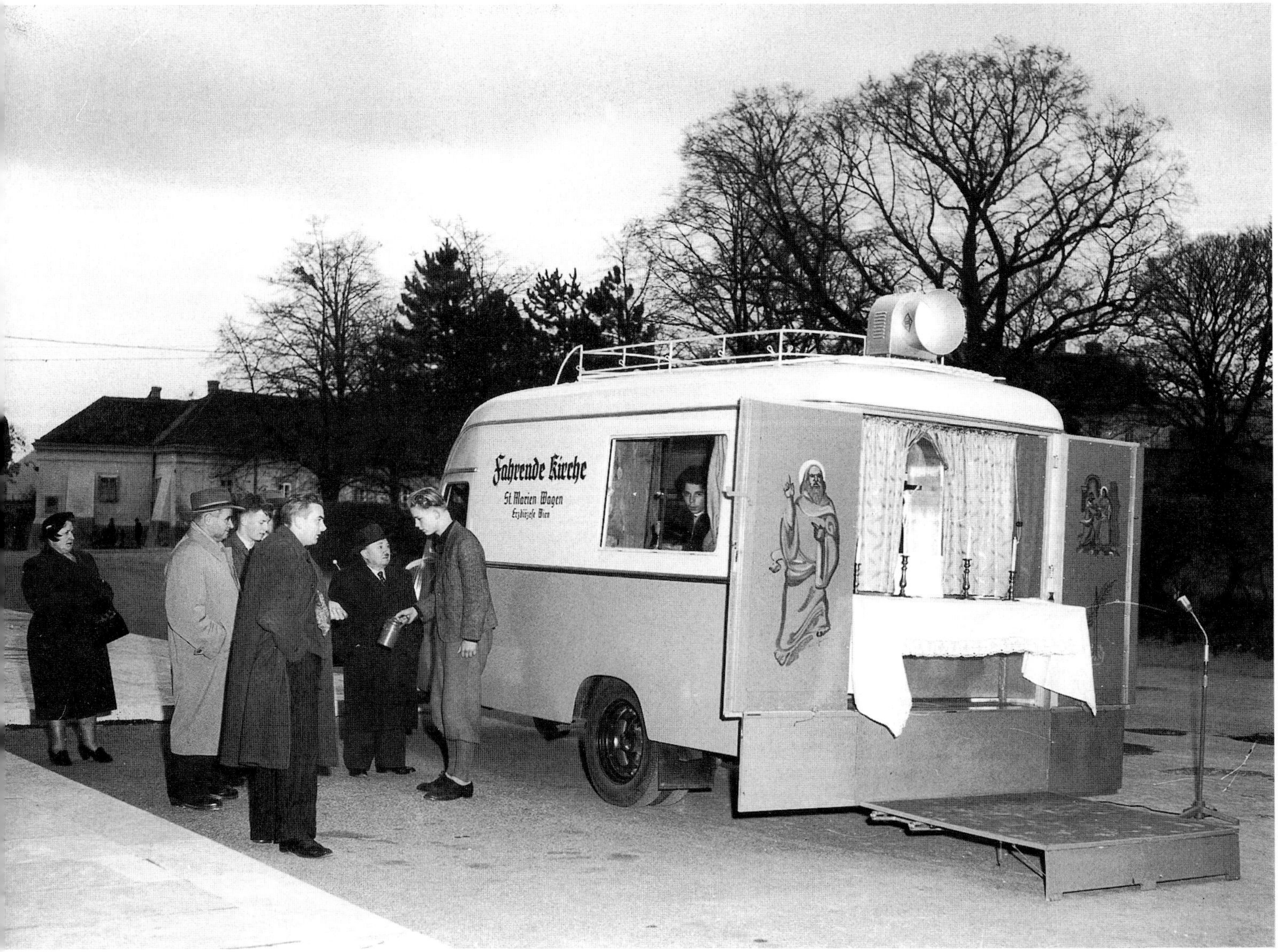

Die römisch-katholische „Fahrende Kirche“: Im Stiftshof Klosterneuburg wird der St. Marienwagen der Erzdiözese Wien, ein zur Kapelle ausgebauter Kleinbus für die Abhaltung von Gottesdiensten in Stadtrandsiedlungen, präsentiert (1954).

Der päpstliche Hausprälat und amerikanische Militärseelsorger, Oberstleutnant Roman J. Nuwer, übergibt Kardinal Theodor Innitzer im Hof des Erzbischöflichen Palais die Schlüssel eines nagelneuen achtsitzigen „Chrysler Windsor“ (1949).
Die Limousine war das Geschenk von John Schleifer, der eine Automobilfabrik in einem Vorort von Los Angeles besaß und dessen Familie der Kardinal im Krieg geholfen hatte. John Schleifer finanzierte außerdem eine großangelegte Hilfsaktion für Österreich, er schickte Geld und CARE-Pakete und wurde deshalb vom erzbischöflichen Ordinariat für einen päpstlichen Orden vorgeschlagen.
Kardinal Innitzer akzeptierte den Chrysler als Dienstwagen.

Eine Karawane von sechs Zirkuselefanten marschiert über den Wiener Margaretengürtel – und alle Räder stehen still (1953).

Akrobatischer Fensterputzer, als ob er in Manhattan wäre (1951).

15. Kapitel

DER ALLTAG WIRD (EIN BISSCHEN) BUNTER – BERUF UND FREIZEIT ZWISCHEN TRADITION UND AMERIKANISIERUNG

Das beste Mittel gegen Ärger
ist der
Nußberger
HEURIGER
FRANZ
SCHIER
NUSSDORF
TEL.
A 19 3 75

Es ist nie zu spät: Ein 71jähriger Pensionist aus Brunn am Gebirge holt zu Pfingsten 1953 die Firmung nach, sein Göd zündet ihm eine Virginia an.

Wie in alten Zeiten:
Weinlese im Weingut der Stadt Wien am Cobenzl. Volle Butten werden auf einen Leiterwagen gestellt, der noch von Pferden gezogen wird (1952).

Heurigenstimmung 1948 – mit Luftballon, aufspielenden Musikanten und amerikanischen Gästen. That's Gemütlichkeit!

Starkes Bier, Rangeln, Hahnen- und Widderkämpfe gehören zum „Gauderfest“, das alljährlich am ersten Mai-Sonntag in Zell am Ziller stattfindet. Der im Bockstoßen siegreiche Widder mit seinem stolzen Besitzer (1952).

Knappen in Festtracht: Die Bergmänner von Seegraben bei der Barbarafeier in der „Turnhalle“ von Leoben (1948).

Der KONSUM eröffnet im wiederaufgebauten COOP-Gebäude in Linz den ersten österreichischen Selbstbedienungsladen (30. 5. 1950). Daß man die Einkaufstaschen beim Eingang abgeben mußte, störte offenbar niemanden. Nach 10 Tagen ist der Umsatz in diesem Geschäft um 300 % gestiegen!

Elektrische Kühlschränke konnten sich zwar immer mehr Haushalte leisten, trotzdem war die Auslieferung von Blockeis im Jahr 1954 noch ein lohnendes Geschäft.

Dieser Waschsalon in der Wiener Liechtensteinstraße war mit angemieteten amerikanischen Trommelwaschmaschinen ausgestattet (1949).

Menschen, die modern, schick und amerikanisch sein wollten, besuchten 1954 eine Milchbar; selbst in den Schauräumen der Österreichischen Staatsdruckerei war eine zu finden.

Hinweisschild auf der Bundesstraße 1 bei Melk (1954).

Wohnkultur 1954: Kombiniertes Wohn- und Schlafzimmer aus dem Musterkatalog, eingerichtet mit modernen Serienmöbeln.

Alles tanzt: Die einen pflegen den schönen alten Turniertanz . . .,

Siegerpaar Reithmayr/Fabian aus Linz beim Tango während einer Konkurrenz im Wiener Cáfe Herrenhof (1953).

die anderen tanzen zur amerikanischen „Negermusi“.

Boogie-Woogie-Wettbewerb im Wiener Konzerthaus (1953).

Horst Winter singt vielleicht seinen bekanntesten Schlager ins Mikrophon, begleitet von seiner Tanzkapelle im Wiener Volksgartenrestaurant (1951):

„Ein kleiner Bär mit großen Ohren,
das ist mein Talisman,
noch niemals hab' ich ihn verloren,
mein ganzes Herz hängt dran . . .“

Tanzveranstaltung im Cáfe Victoria, einem amerikanischen Soldaten (und ihren Wiener Freundinnen) vorbehaltenen Club (17. 8. 1945).

Fotomodelle haben die richtige Beinhaltung zu beherrschen, deshalb wird sie ihnen in der „Ersten Wiener Schule für Mannequins“ von Ballettmeisterin Hedy Pfundtmayr, Tänzerin der Wiener Staatsoper, auch handgreiflich beigebracht (1950).

Die Damen wollten wieder schön sein im März 1946:
Modeschau im Hause Stone & Blyth im Wiener Palais Esterházy in der Kärntner Straße.

Fred Adlmüller war ab 1931 Angestellter bei Stone & Blyth, der Name der englischen Gründer wurde auch während des Zweiten Weltkriegs beibehalten. 1945 wurde Adlmüller kommissarischer Leiter, später Pächter und 1963 Besitzer des inzwischen unter seinem Namen firmierenden Salons.

Damenmode aus amerikanischen „Überschußgütern“: Mannequin führt einen von der Firma Wötex aus Schlafsäcken der US-Armee umgearbeiteten Mantel vor (1948).

Hanni Schall, eine entfernte Verwandte Adalbert Stifters mit tizianrotem Haar, Österreichs erste „Miss Europa“, präsentiert den Bikini, der ihr bei der Wahl zum Sieg verhalf (1950).

Strumpfmodenreklame
aus dem Jahr 1949

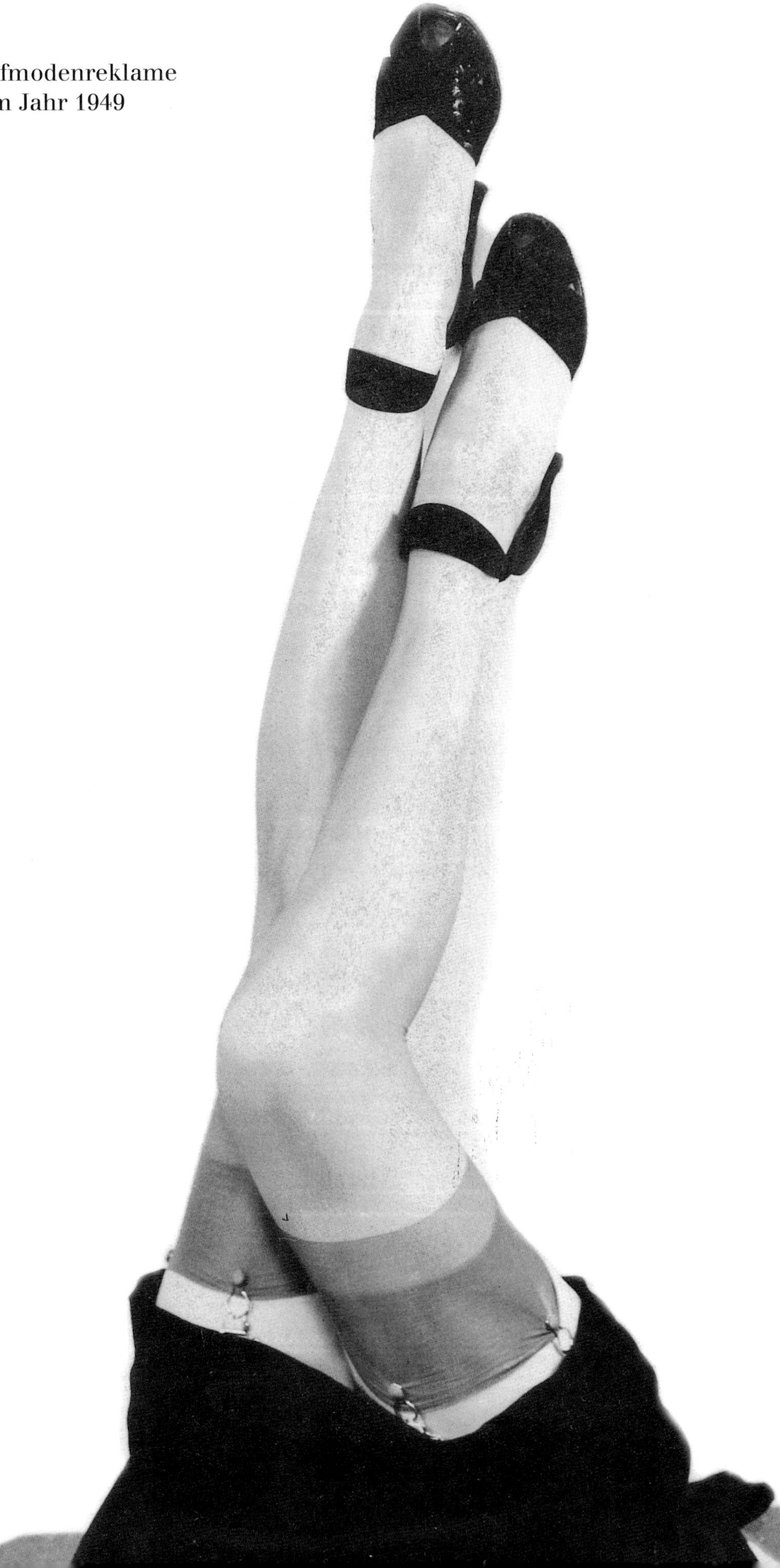

16. Kapitel

SPORT – IMMER SCHON DIE WICHTIGSTE NEBENSACHE DER WELT

Kitzbühel, Österreichs prominentester Wintersportort, erholt sich vom 14. Internationalen Hahnenkammrennen 1953. Der Sieger hieß wieder einmal Anderl Molterer, der „weiße Blitz von Kitz“.

RWR

Eingedeckt bis zum Hals mit Fanpost: H.M. in seinem Redaktionsbüro beim Sender „Rot-Weiß-Rot“ (1951).

Heribert Meisel, Reporter beim Sender „Rot-Weiß-Rot“, prägte durch seine immer an der Grenze zum Herzinfarkt angesiedelten Übertragungen und witzigen Kommentare die Sportberichterstattung im Rundfunk ganz entscheidend. Dadurch, daß seine Reportagen selbst sportlichen Höchstleistungen ähnelten, wurde er zum Idol. Im „Wiener Kurier“ schrieb er Glossen zum Sportgeschehen.

In Aktion vor dem Mikrophon (1949).

Ein Vorläufer des Stadtmarathons: Leichtathleten beim Start zum Staffellauf „Quer durch Wien“, stadteinwärts durch die Mariahilfer Straße (1953).

Beim Pferderennen wird gewettet, als ob die Herren in England wären; tätsächlich sind sie vor den Kassen am Trabrennplatz Krieau angestellt (1954).

10.-
KASSA 21
5.-
KASSA 22
5.-
KASSA 23
5.-
KASSA 24
5.-

Frauen stellen ihren Mann, auch im Sport: Eine Judokämpferin des Polizeisportklubs Wien legt während einer Vorführung in den Sofiensälen einen männlichen Gegner aufs Kreuz (September 1954).

Welcher „Eisfloh" springt höher?
Die 15jährige Hanna Eigel oder die 14jährige Ingrid Wendl? Beide zeigen hier beim Training auf dem Platz des Wiener Eislaufvereins am Heumarkt einen „De Bief"-Sprung (4. 2. 1955). Sowohl Eigel als auch Wendl wurden bereits mit 15 Jahren Europameisterin im Eiskunstlauf; Eigel 1955 und zum zweitenmal 1958, Wendl 1956 und zum zweitenmal 1957.

Zeitzeugen des Weltuntergangs: Mit versteinerten Gesichtern hören Passanten vor einem Geschäft in Wien die Radioübertragung von der Fußballweltmeisterschaft 1954 in der Schweiz; Österreich verliert gegen Deutschland 1:6 (30. 6. 1954).

Trotzdem kennt die Begeisterung über den schließlich erreichten 3. Platz keine Grenzen. Bei der Ankunft der Nationalmannschaft auf dem Wiener Westbahnhof kann die Polizei die Menschenmenge nur mit Mühe im Zaum halten (5. 7. 1954).

Wiener Heumarkt-Arena: Staatsmeisterschaft der Professionals im Schwergewicht. Sieger Heinrich Wiesner (rechts) und Verlierer Kurt Schiegl, blutig geschlagen nach Aug'-um-Aug'-, Zahn-um-Zahn-Manier, vereint unter dem Lorbeerkranz.

Boxen zählte nach dem Krieg zu den beliebtesten Sportarten, die Veranstaltungen waren gut besucht. Die Einnahmen durch die vielen Zuschauer erlaubten einen Wettkampfbetrieb mit Professionals. Besonders Kämpfe im Schwergewicht waren Publikumsattraktionen: Beim Fight um die Europameisterschaft zwischen Joschi Weidinger und dem Franzosen Stephan Olek konnte sogar das Wiener Stadion als Austragungsort gebucht werden. Weidinger gewann und wurde daraufhin von den Zeitungen als Idol gefeiert, etwas, das sonst eher Fußballern und Skiläufern vorbehalten war. Auch der Messepalast und das Colosseum-Theater waren Veranstaltungsorte für Boxkämpfe.

17. Kapitel

DIE KINDER, DIE SCHULE – UND DIE AMERIKANER

Ein Ausflug des „Jugendhilfswerks der US-Armee in Österreich" mit dem Militär-LKW (1950).

asthof und Fleischhauerei zum weißen Rößl des Franz Wend

5. Wiener Soap Box Derby, veranstaltet von der US-Armee in der Lannerstraße in Döbling. Sogar die Military Police ist im Einsatz, um einen vierjährigen Lenker mit seiner Seifenkiste an den Start zu schieben (1952).
Das erste „Seifenkistelrennen" fand im Jahr 1948 nach amerikanischem Vorbild statt. Insgesamt 13mal berichtete der „Kurier" über die Vorbereitungen und das Ereignis selbst, dem 10.000 (!) Menschen zusahen. Der Sieger damals war ein 14jähriger Kaufmannssohn, der einen 3monatigen Aufenthalt in der Schweiz gewann.

„Das weiße Rößl" in Mondsee, Gasthaus und Fleischhauerei, wurde zur Volksschule umfunktioniert (1949).

Turnsaal als Speisesaal: Ausspeisungsaktion des Schweizer Hilfswerks und der Amerikaner in einer Wiener Volksschule (1946).

Weihnachtsmarkt im Heim der Pfadfindergruppe 58 in Wien-Döbling:
Johannes Figl, Sohn des Bundeskanzlers und Hilfsfeldmeister, der mit ein paar Gleichgesinnten nach dem Krieg die Gruppe wieder aufbaute, stellt mit einem jüngeren Kameraden selbstgebastelte Krippen auf den Schautisch (1949).

Internationales Gewerkschaftsjugendtreffen in Salzburg, die Adresse des Zeltlagerplatzes lautete „Baron Schwarz-Park“ (1953).

Der Krampus geht mit der Zeit: Der Fernschreiber aus dem USIS-Büro informiert ihn, ob die Kinder brav waren (1952).

Der Weihnachtsmann heißt Santa Claus, kommt aus Amerika und landet auf dem Flugplatz Tulln-Langenlebarn (1954).

Die amerikanische Patenschaftsschule hat Kleiderspenden geschickt, und Schülerinnen des Frauenvereins-Gymnasiums in Wien sind gespannt, was da zum Vorschein kommt (1949).

18. Kapitel

GAUDEAMUS IGITUR

Studentendemonstration gegen die Erhöhung der Studiengebühren: Sitzstreik vor dem Unterrichtsministerium auf dem Minoritenplatz in Wien (1952).

Die USIS unterhalten auch einen Studentenclub, und zwar im Cáfe Monopol in der Wiener Florianigasse, wo gerade eine Jury über die Einsendungen zum Fotowettbewerb abstimmt: Ganz links zeigt Erwin Hirnschall auf, damals bei der Österreichischen Hochschülerschaft und später bei der Wiener FPÖ, neben ihm USIS-Cheffotograf Yoichi R. Okamoto (1953).

Der beste aller Seniorenstudenten: Hugo Fajkmajer, Praktischer Arzt, Jurist und Staatswissenschaftler, promoviert im Alter von 79 Jahren zum vierten Mal an der Universität Wien (1951).

Josef Krainer II., späterer Landeshauptmann der Steiermark, goes to Georgia (1951).

Auf der Überfahrt auf dem legendären Dampfschiff „Queen Elizabeth“ lernte Krainer die Dolmetsch-Studentin Rosemarie kennen, die ebenfalls ein Studienjahr in den USA antrat. 1957 haben sie geheiratet.

Konrad Oberhuber, Albertina-Direktor in spe, an seinem vorerst letzten Tag in Wien (1951).

Damals wußte er noch nicht, daß Amerika zu seinem Schicksal werden würde. Er lebte 17 Jahre dort.

Friedrich Gleissner, Sohn des oberösterreichischen Landeshauptmannes und späterer Außenhandelsleiter der Bundeswirtschaftskammer, freut sich auf dem Wiener Josefsplatz auf die Harvard University (1951).

John P. Blane aus Birmingham, Alabama, kam in entgegengesetzter Richtung über den großen Teich und freundet sich in einem Wirtshaus mit Wiener Hausmannskost an (1953).

Auf Veranlassung des amerikanischen Senators James William Fulbright wurde im Jahr 1946 vom Repräsentantenhaus ein Gesetz beschlossen, durch das Studenten aus den USA ein Studienaufenthalt in Europa finanziert, gleichzeitig aber auch Europäern der kostenlose Besuch amerikanischer Universitäten ermöglicht werden sollte. Die Kosten dieser Stipendien für Reise und Aufenthalt wurden zum größten Teil aus dem Verkauf nicht mehr benötigter Heeresgüter, dem sogenannten „Army Surplus", von im Ausland stationierten US-Truppen getragen.
Die Teilnehmer an diesem Austauschprogramm wurden im akademischen Jargon „Fulbright-Studenten" genannt.

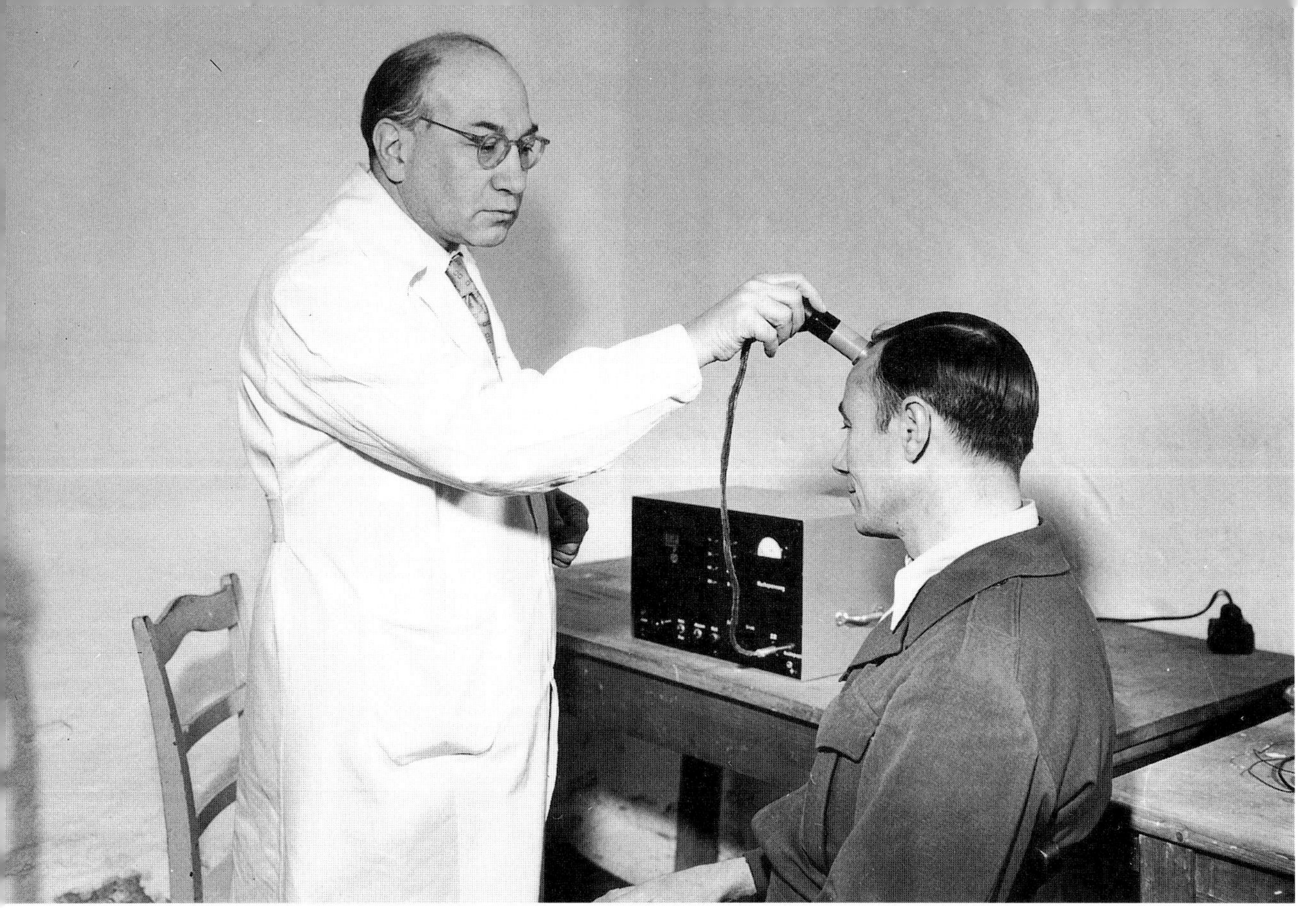

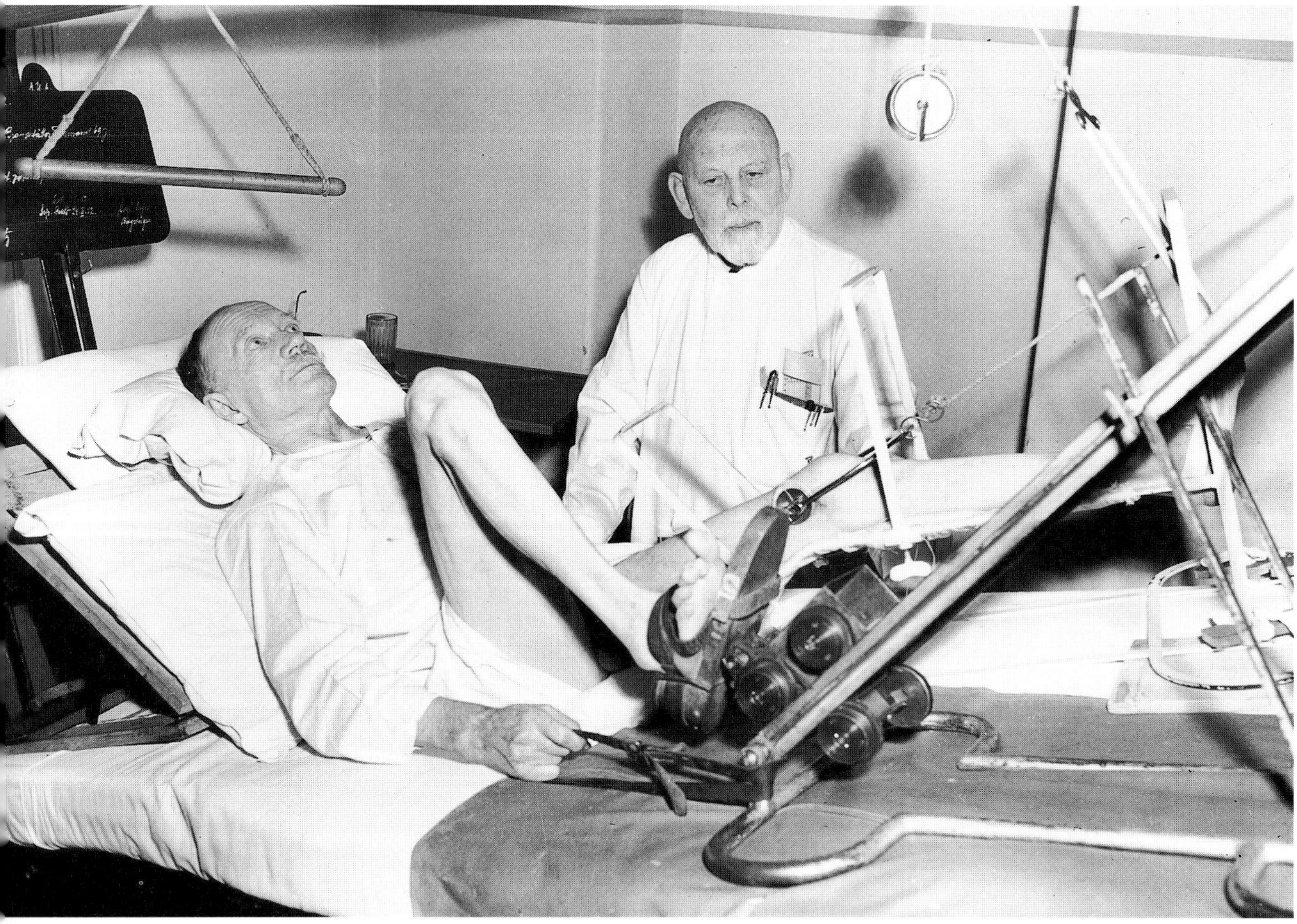

In den Bildbeilagen des „Wiener Kurier" zum Wochenende wurden gerne bestimmte Personengruppen oder Themen in Bilderserien dargestellt. In der folgenden ehrte man die Koryphäen der Wiener Medizinischen Schule in den fünfziger Jahren. Aber auch für die von den USIS herausgegebene Zeitschrift „Medizinische Nachrichten" dienten die Aufnahmen, die alle aus dem Jahr 1952 stammen.

Hans Hoff, Vorstand der Universitätsklinik für Neurologie und Psychiatrie und Primarius der Nervenheilanstalt Rosenhügel, mit Geigerzähler auf der Suche nach einem Tumor.

Lorenz Böhler, „Vater der Unfallchirurgie und der Technik der Knochenbruchbehandlung", Direktor des Wiener Unfallkrankenhauses, bei der physikalischen Therapie eines Beinbruchs.

Karl Fellinger, weltbekannter Internist, Leibarzt des Schah von Persien und des Königs Ibn Saud von Arabien, behandelt hier in seiner 2. medizinischen Klinik des Allgemeinen Krankenhauses eine Krankenkassenpatientin.

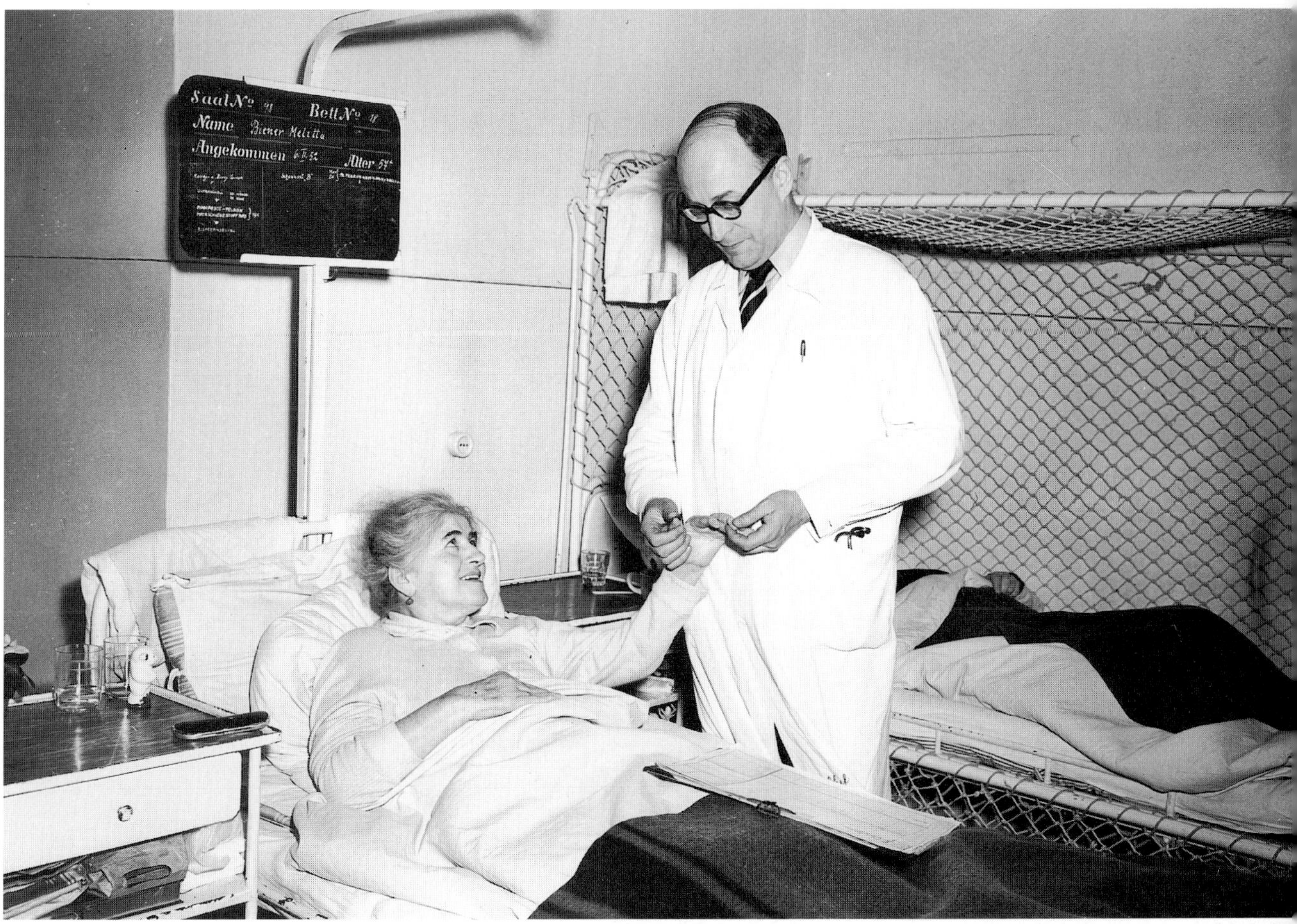

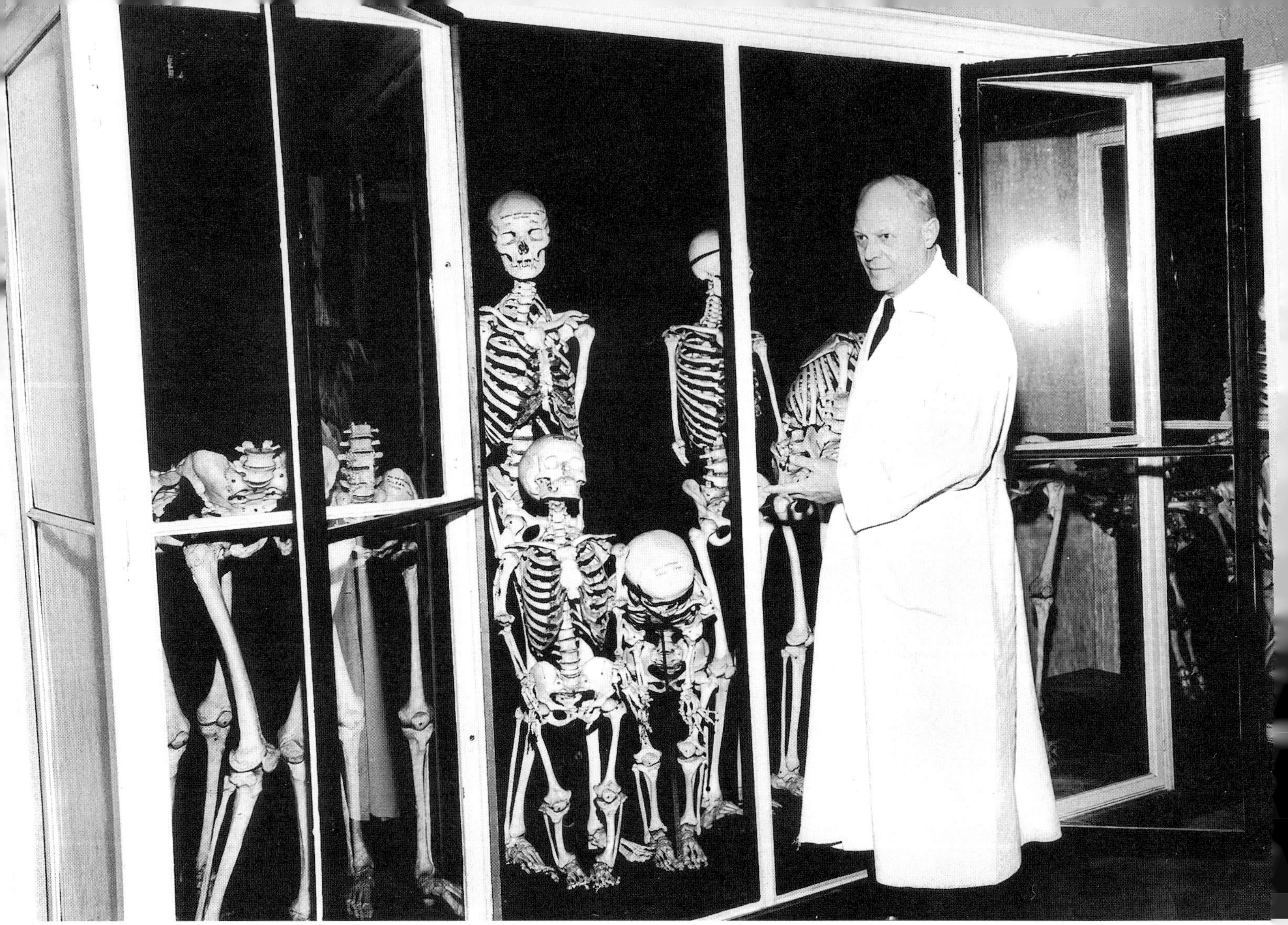

Hermann Chiari, Vorstand des Instituts für pathologische Anatomie und wirkliches Mitglied der Österreichischen Akademie der Wissenschaften, im Kreise leider schon verstorbener guter Bekannter.

19. Kapitel

„FRAUEN STELLEN IHREN MANN“

„Frauen stellen ihren Mann“ so betitelte der „Wiener Kurier“ eine Bilderserie, für die Frauen mit ungewöhnlichen Berufen ausgewählt worden waren. Ausgewählt deshalb, weil für das Selbstverständnis der frühen fünfziger Jahre Taxifahren, Dachdecken und Wetterhähne Montieren durchaus noch männliche Domänen gewesen sind. Jeder dieser Berufe hatte den Reiz des Ausgefallenen.
Frauen beim Gemüsepflanzen zur Nahrungssicherung in der unmittelbaren Nachkriegszeit oder beim Schlichten von Bierflaschen vom Förderband in Holzkisten mußten eher ihre Frau als ihren Mann stellen und waren deshalb nicht von besonderem Interesse. Wenn es jedoch einmal eine weibliche Bürgermeisterin vorzuweisen gab, denn Frauen in politischen Positionen waren rar, so war sie eine Fotoserie wert.

Nächste Seiten:
Transportunternehmerin Anna Pichler in perfekter Adjustierung vor ihrem Taxi (1950).

Dachdeckermeisterin Paula Dietrich bei der Arbeit auf schiefer Ebene in luftiger Höhe (1950).

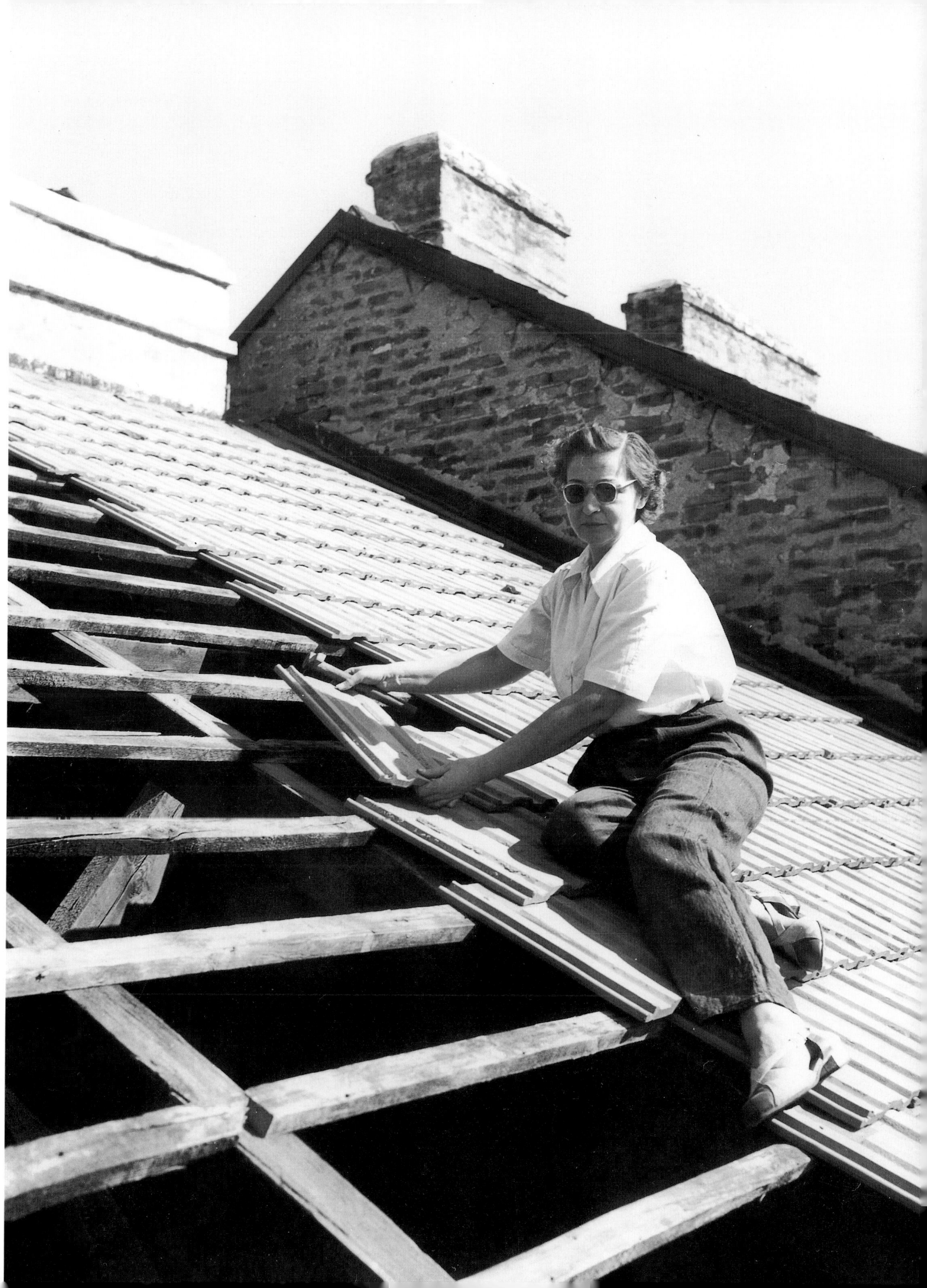

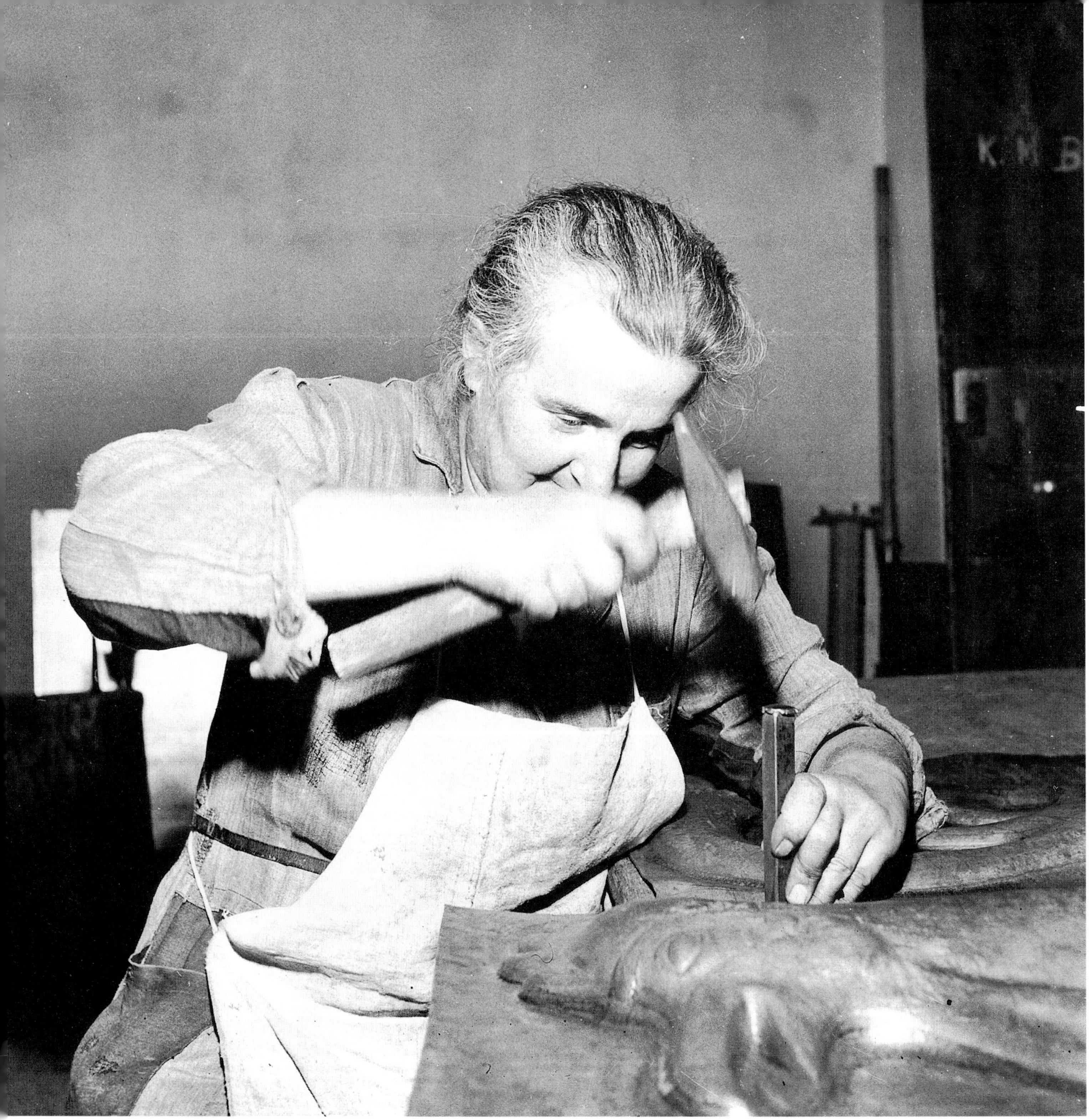

Spenglermeisterin Aloisia Stadtherr beim Ausklopfen einer Metallform für einen Wetterhahn des Wiener Stephansdomes (1950).

Die Komponistin Sonja Eckhardt-Gramatté, in Moskau geboren, erhielt 1950 den österreichischen Staatspreis für Komposition für ihr Tripelkonzert für Trompete, Klarinette, Fagott, Streicher und Pauken. 1953 wanderte sie nach Kanada aus (1950).

Zenzi Hölzl, Bürgermeisterin von Gloggnitz, leitet eine Sitzung des Gemeinderates (1955).

20. Kapitel

DIE VORSTELLUNG FINDET AUF JEDEN FALL STATT

Das Salzburger Festspielhaus wurde als „II Corps Theater“ von den US-Besatzungsbehörden requiriert (1945).

Bei den zweiten Salzburger Festspielen wieder dabei: Die Wiener Philharmoniker unter Bernhard Paumgartner im Mozarteum (3. 8. 1946).

Das erste Konzert nach dem Krieg gaben die Philharmoniker unter Clemens Krauss am 27. 4. 1945 für das „unabhängige Österreich" im Wiener Konzerthaus. Die erste Opernvorstellung fand am 1. Mai in der Volksoper statt, weil das große Haus ausgebrannt war; geboten wurde Mozarts „Figaro". Am 16. September wurde der Musikverein mit den Philharmonikern unter Josef Krips wiedereröffnet, am 6. Oktober zog die Staatsoper mit „Fidelio" ins Theater an der Wien ein, und schon am 6. November gab es die erste Premiere, eine Neuinszenierung der „Fledermaus" – „Glücklich ist, wer vergißt, . . ."

Unter den ersten, die nach Salzburg kamen und bei den „Österreichischen Abenden“ im Mozarteum mitwirkten: die Wiener Sängerknaben mit Hans Gillesberger (25. 8. 1945).

Der Teufel – Erwin Faber – marschiert über den Domplatz, beim ersten „Jedermann“ nach dem Krieg im Jahr 1946; den Jedermann spielte Ewald Balser.

Am 12. August 1945 wurden wieder Salzburger Festspiele eröffnet. Im Landestheater dirigierte Felix Prohaska „Die Entführung aus dem Serail“ von Wolfgang Amadeus Mozart. Maria Cebotari sang die Konstanze, Julius Patzak den Belmonte (oben), Rosl Schwaiger das Blondchen, und Ludwig Weber war der Osmin (unten).

William Shakespeare: Richard II. Links Rudolf Forster als Herzog Gaunt („gänzlich Mißglücktes“), rechts Fred Liewehr als Heinrich IV. („ausgezeichnet“), zwischen den beiden Albin Skoda als Richard („brilliert, aber erschüttert nicht“). Die neue psychologische Deutung des Regisseurs Berthold Viertel mißfiel dem „Kurier“-Rezensenten (20. 3. 1950).

Bert Brecht: Der gute Mensch von Sezuan, im Theater in der Josefstadt, mit Albin Skoda (als Flieger Yang-Sun) und Paula Wessely (die gute Shen-Te und ihre böse Hälfte, Shui-Ta). Kostüme: Tageskleidung (29. 3. 1946).

Das Burgtheater spielte im „Ronacher“, Direktor war Raoul Aslan, das erste Stück der „Jedermann“ (13. 6.), bis zum Ende des Jahres 1945 gab es noch „Das Kamel geht durch das Nadelöhr“ von Frantisek Langer, „Liliom“ von Molnár, „Jaakobs Traum“ von Richard Beer-Hofmann und Lessings „Nathan“. Außerdem spielte das Ensemble im Akademietheater und im Großen Redoutensaal.

„Der tolle Tag" von Beaumarchais im Neuen Theater in der Scala in der Favoritenstraße, einem den Sowjets unterstehenden Haus. Eva Zilcher als Gräfin (links) und Hortense Raky als Susanna. Karl Paryla spielte den Figaro und führte Regie mit „Überbetonung des revolutionären Gehalts", meint Herbert Mühlbauer im „Kurier" (18. 3. 1950).

Bühnen, die es nicht mehr gibt . . .

„Flucht in die Heimat", unter diesem Titel wurde das Schauspiel „Die Heimkehr des Erstgeborenen" von Rudolf Henz im Theater Die Insel erstaufgeführt. „Welch ein Thema, der verlorene Sohn unserer Zeit mit seinem vertanen Leben!", aber leider, „Was dieser verlorene Sohn aus dem Waldviertel von seiner Seelennot erzählt, raschelt papieren. Daß er damit unverstanden bleibt, ist nicht erstaunlich; denn damit bleibt er – und sein Stück – vor allem uninteressant" (20. 4. 1950).
Direktor der „Insel" war Leon Epp; an der Stelle des Theaters in der Johannesgasse befindet sich heute das Metro-Kino.

„Aber Ninette", ein Tanzkomödchen im Wiener Bürgertheater, Premiere war am 26. 3. 1949. Tanzpartner von Marika Rökk war eine zweieinhalb Meter lange indische Pythonschlange, die 30 Kilo wog. Inszeniert hat Franz Stoß, die Musik schrieb Alexander Steinbrecher.
Franz Stoß war auch Direktor dieses Theaters in der Vorderen Zollamtsstraße, wo heute eine Bank residiert.

„Mit Musik durch Amerika" – mit diesem Programm ging das USIS-Theater 1953 auf Tournee durch Österreich. Olive Moorefield und Marcel Prawy im Innsbrucker Musikvereinssaal.
Olive Moorefield erinnert sich: „Wir sangen Volkslieder, Negro Spirituals, Musical, alles war für die Österreicher neu. Sie waren so hungrig nach Kunst, kulturell so lebendig und offen . . .". Die Begeisterung der Österreicher kannte keine Grenzen für Olive Moorefield, Fred Liewehr und Brenda Lewis, als Marcel Prawy drei Jahre später Cole Porters Musical „Kiss Me, Kate" in der Volksoper herausbrachte und damit ein neues Kapitel Musikgeschichte begann.

Elfie Mayerhofer 1953 als „Die Dubarry" in der gleichnamigen Operette von Karl Millöcker und Theo Mackeben im Wiener Stadttheater.
„Sie trägt den Abend als vortreffliche Sängerin und Persönlichkeit." Das Kostüm bezeichnete der Rezensent freilich als „Fehlgriff". Neben ihr Hans Dressler. Regie führte Hubert Marischka. An der Stelle des Stadttheaters in der Skodagasse im 8. Bezirk befindet sich heute die Zentrale der Städtischen Büchereien.

Willy Dirtl und Lucia Bräuer bei einem Grand Jeté.
Das Staatsopernballett probt für eine Deutschland-Tournee, immer noch in einem Kellerraum des Theaters an der Wien, dem Ausweichquartier während des Wiederaufbaues des Opernhauses (März 1952).

Tanz klassisch und modern:

Julia Drapal und Willy Dirtl beim Pas de deux, während Kollegen, Dirigent Anton Paulik und Ballettmeisterin Erika Hanka die Partitur studieren (März 1952).

Amerikanische Impressionen „From Morning To Midnight“ in der Reihe „Broadway ruft“. Vorführung der Tanzgruppe Rosalia Chladek im Kosmos-Theater (9. 11. 1951).

Das American Ballet Theatre gastiert an der Volksoper in Wien, zur Aufführung gelangt das Tanzspiel „Francy Free“, Musik von Leonard Bernstein, in der Choreographie von Jerome Robbins. Die Herren sind Amerikaner, aber im Mittelpunkt tanzt die Wienerin Christine Mayer. Fotograf Yoichi Okamoto hatte den Durchblick (18. 6. 1953).

Werner Krauss erhielt den Ifflandring und zeigt ihn im Foyer des Burgtheaters Helene Thimig und Attila Hörbiger (29. 11. 1953).

Oskar Werner vor der Generalprobe in der Garderobe des Theaters in der Josefstadt. Er spielte den Ben Alexander in dem Schauspiel „Mein Herz ist im Hochland“ von William Saroyan (29. 12. 1949).

Romy Schneider mit ihrem Dackel Seppl. Zur Begrüßung auf dem Flugplatz Schwechat sind Mutter Magda Schneider und Regisseur Ernst Marischka erschienen (1954).

Johannes Heesters mit seiner Tochter Wiejse auf dem Flughafen Schwechat (1953).

Nächste Seite:
Die Familie auf der Gartenterrasse ihres Hauses in Grinzing: Attila Hörbiger mit Tochter Maresa auf dem Arm und Paula Wessely zur Seite (1950).

21. Kapitel

DAS ROT-WEISS-ROTE RADIO

Während schon in der zweiten Jahreshälfte 1945 Zeitungen erschienen waren, bei denen Herausgeber und Eigentümer Österreicher waren, blieben die Radiosender bis zum Abschluß des Staatsvertrages unter permanenter Kontrolle der Alliierten.
Radio Wien, im Studio der ehemaligen RAVAG in der Argentinierstraße beheimatet, galt zwar offiziell als Österreichischer Rundfunk, mußte aber täglich eine „Russische Stunde“ bringen und auch Zensurmaßnahmen der sowjetischen Aufsicht in Kauf nehmen.
Die Amerikaner ließen ihre Sendergruppe „Rot-Weiß-Rot“ aus Salzburg, Linz und aus der Seidengasse in Wien übertragen. Programmemacher, Redakteure und Sprecher waren nach kurzer Zeit fast nur mehr Österreicher, aber in der Kommandostruktur blieb übergeordnet immer noch ein US-Informationsoffizier sitzen. Als Programmdirektor beim Wiener Sender fungierte vom Frühjahr 1946 bis zum Herbst 1947 Ernst Haeusserman, damals noch „Cultural Officer“ der US-Armee.
Den Ausschlag dafür, daß der Sender „Rot-Weiß-Rot“ sich größerer Beliebtheit als seine Konkurrenten erfreuen konnte, gaben die Unterhaltungsprogramme. Diese waren im Prinzip erfolgreichen Vorbildern bei Radiostationen in den USA abgeschaut und wurden geschickt den österreichischen Verhältnissen angepaßt.
Geboten wurde einiges: Quizsendungen, in denen es etwas zu gewinnen gab; Kriminalhörspiele, bei denen der Täter erraten werden sollte; als Hörerparlamente bezeichnete Radiodiskussionen; eine „Radiofamilie“ und die Kabarettsendung „Der Watschenmann“; die ersten Musikprogramme, in denen sich der Plattenaufleger „Disc Jockey“ nannte – all das sorgte für Popularität.
Daß alles, was auf dem Gebiet der Radiounterhalung gut und teuer war, auch im Studio des Senders „Rot-Weiß-Rot“ zu finden war, beweisen die folgenden Bilder.

RWR

Das beliebte Komikerduo Wondra & Zwickl war vor allem durch seine Doppelconferencen, die auch im Radio zu hören waren, bekannt. Hier treten die beiden als Überraschungsgäste in dem Operettenschwank „Der eiserne Florian“ im Wiener Stadttheater auf. Komponist war Egon Neumann, musikalische Einlagen lieferte Gustav Zelibor, die Inszenierung besorgte Werner Albrich (30. 9. 1950).

Das Künstlerehepaar Cissy Kraner und Hugo Wiener im Aufnahmestudio des Senders „Rot-Weiß-Rot“. Produziert wird die 14tägige Kabarettsendung „Aktualitätlichkeiten“ (25. 11. 1950).

„Die 3 Musketiere" hieß eine neue Sendereihe im Unterhaltungsprogramm von „Radio Rot-Weiß-Rot". Zur Premiere am 5. 10. 1951 fanden sich drei Herren im Studio ein, von denen jeder für sich für hohe Hörerzahlen bürgte: Altmeister Karl Farkas aus dem Wiener Kabarett Simpl, Heinz Rühmann, der „Hauptmann von Köpenick" aus dem späteren Erfolgsfilm, und Heinz Conrads, dessen Blick verkündet: „Griaß euch die Madln, servas die Buam!"

Alexander Steinbrecher, Komponist und Programmacher bei „Radio Rot-Weiß-Rot", hat sich für seine Sendung „Steinbrechers Nachtausgabe" einen jungen Sänger namens Peter Alexander ins Studio geholt (29. 12. 1952).

Heinz Conrads beim Singen, und die Geigen klingen:
Das Unterhaltungsorchester des Senders „Rot-Weiß-Rot" begleitet seinen Radioliebling (März 1954).

Hilde Krahl und Helmut Qualtinger lesen ihren Part während der Übertragung des Kabarettprogramms „Reigen-Express“, einer Parodie auf das Schauspiel von Arthur Schnitzler, aus dem Wiener Bürgertheater. „Scherz, Satire, Ironie und tiefere Bedeutung“ in „Rot-Weiß-Rot“ (28. 3. 1955).

Garantierte jahrelang höchste Einschaltziffern: Die „Radiofamilie Floriani". Das Darstellerensemble im Uhrzeigersinn: Onkel – Guido Wieland, das Ehepaar Floriani – Vilma Degischer und „Landesgerichtsrat" Hans Thimig, ihre Kinder – Helly Servi und Wolferl Brandstätter (1954). Idee und Script zur Sendereihe stammten von Jörg Mauthe und Ingeborg Bachmann.

22. Kapitel

INTERNATIONALE PROMINENZ KOMMT WIEDER NACH ÖSTERREICH

Thor Heyerdahl mit einem seiner Bücher in Händen.
Der norwegische Naturforscher und Ozeanüberquerer mittels nachgebautem Papyrus-Boot hielt sich zu einer Reihe wissenschaftlicher Vorträge in Wien auf (1952).

Der Virtuose stimmt in der Garderobe seine Geige: Yehudi Menuhin vor dem Auftritt im Großen Musikvereinssaal in Wien (20. 5. 1952).

Maria Jeritza an der Stätte ihres früheren Wirkens: Marcel Prawy führt die Diva durch die im Wiederaufbau befindliche Wiener Staatsoper. Im Bild links neben ihr Ballettmeister Willy Fränzl (30. 5. 1950).

Das Sängerehepaar Martha Eggerth und Jan Kiepura ist zum ersten Mal seit 1938 wieder in Wien: Bei der Pressekonferenz in einem Kaffeehaus herrscht ein dem Anlaß entsprechendes Gedränge der Fotografen (12. 10. 1954).

Mit den Amerikanern kamen auch der Jazz und das Musical. Der Komponist George Gershwin schrieb beides, und die Aufführung seines „Negeroper“ genannten Meisterwerkes „Porgy und Bess“ an der Wiener Volksoper war ein Sensationserfolg. Die Hauptdarsteller, William Warfield und Leontyne Price, in dem berühmten Duett „Bess you is my woman now“ (14. 9. 1952).

Früh übt sich, was ein Meister wurde: Daniel Barenboim gibt im Alter von 10 Jahren einen Klavierabend im Wiener Kosmos-Theater (November 1952).

Brigitte Bardot und Isabella Pia beim Frühstück in einem Wiener Kaffeehaus (25. 1. 1955). Die jungen Damen waren zu Dreharbeiten für einen französischen Film in Wien; von internationalem Starruhm konnte aber bei beiden noch keine Rede sein.

Yvonne de Carlo, in jugendlicher Schönheit und mit Weinglas, während einer Pressekonferenz in einem Wiener Filmstudio (1949).
Jahre später präsentierte sie sich in einer amerikanischen Fernsehserie als Vampirin und Gattin des Frankensteingeschöpfes Herman Munster.

Jean Cocteau grüßt bei seiner Ankunft auf dem Flughafen Wien-Schwechat, begleitet von Edouard Dhermite, der in Cocteaus Orpheus-Film spielte. Cocteau übernahm in der Aufführung seines „Oedipus rex“ im Konzerthaus selbst die Sprecherrolle (1952).

Gian Carlo Menotti, amerikanischer Komponist, nach seiner Ankunft auf dem Flugplatz Tulln-Langenlebarn (27. 2. 1951). Am 22. Dezember wurde seine Minioper „Das Telephon“ im Kosmos-Theater im Rahmen des Programms „Broadway ruft“ zum erstenmal aufgeführt.

Lise Meitner-Graf, weltberühmte Atomphysikerin und Erfinderin des Begriffs „Kernspaltung“, auf dem Flughafen Schwechat. Die Wissenschaftlerin besuchte im Alter von 75 Jahren noch einmal ihre Geburtsstadt Wien, heimisch geworden ist sie allerdings längst an der englischen Universität Cambridge (1953).

23. Kapitel

DER ZEIT IHRE KUNST

Fast zehn Jahre lang war Österreich abgeschnitten gewesen von den Entwicklungen der modernen Kunst, fast jede Srömung auf dem Gebiet der Malerei und Plastik des 20. Jahrhunderts hatte im Dritten Reich als „entartet" gegolten. Durch neue Kontakte zu den Emigranten, durch Ausstellungen mit Exponaten aus Paris und New York, veranstaltet von den Besatzungsbehörden, durch wieder erhältliche internationale Kunstzeitschriften, durch Reisen, vor allem nach Paris, kamen Informationen ins Land, und das Versäumte wurde eifrig nachgeholt. Die Frage stellt sich aber, wer daran interessiert war, Versäumtes nachzuholen. Sicherlich die jungen Maler, Graphiker und Bildhauer, kaum aber die offizielle Kulturpolitik. Die übrige Bevölkerung hatte andere Sorgen, als sich mit abstrakter oder surrealer Malerei zu beschäftigen.

Die Museen waren größtenteils zerstört, Galerien kaum vorhanden, die Künstler mußten also zur Selbsthilfe greifen, um ausstellen zu können. Aus dieser Situation heraus wurde 1946 in Wien der „Art Club" gegründet, mit Albert Paris Gütersloh als erstem Präsidenten, der zusammen mit Herbert Böckl und Fritz Wotruba zum Lehrmeister und Förderer der jungen Mitglieder wurde.

Fast alle waren hier versammelt, die in den folgenden Jahrzehnten das Kunstschaffen in Österreich prägen und die zum Teil sogar in den Rang von „Staatskünstlern" aufsteigen sollten. Von hier aus entwickelte sich ein Stil, der später als „Wiener Schule des phantastischen Realismus" international bekannt wurde, hier fanden die „Abstrakten", die für Österreich die freie Form neu erfanden, die es anderswo als informelle Kunst längst gab, ihren Platz und noch viele andere, die sich diesen beiden Entwicklungslinien nicht unbedingt zuordnen lassen. Einen großen Markt und viele Käufer gab es für niemanden von ihnen. 1953 mußte der „Art Club" sein Lokal im Keller unter der Loos-Bar schließen, aber im Jahr darauf wurde die „Galerie (nächst) St. Stephan" in der Grünangergasse eröffnet, die den „Art Club"-Mitgliedern und dem Nachwuchs offenstand.

Unbewußt angenommen wurde aber abstrakte Kunst als Dekor und Tapetenmuster, selbst Drahtfiguren, nichts Konkretes darstellend, wurden als Wandschmuck akzeptiert. Von Designern inspirierte Gebrauchsgegenstände aus modernen Werkstoffen paßten in die neue „amerikanische Küche".

Der Durchschnittsbürger brauchte seinen neugewonnenen Optimismus für den Wiederaufbau. Die Zeit verlangte den Glauben an den wirtschaftlichen und technischen Fortschritt und keine Grübeleien. Die skurrilen und düsteren Bilder eines Alfred Kubin waren zur Präsentation des neuen Österreich nicht so sehr geeignet, da hielt man sich lieber an die „Gesellschaft der bildenden Künstler" im Wiener Künstlerhaus, deren Meister vereinzelt mit Staatsaufträgen rechnen konnten, waren doch ihr Stil und ihre Sujets traditionellen Inhalten verbunden. Der Staat griff durch seine (Nicht-)Förderungspolitik in das Kunstgeschehen ein, und auch die Besatzungsmächte setzten ihre

Akzente. Eines fällt auf: Gegenüber dem Musik- und Theatergeschehen führt die Berichterstattung über bildende Kunst im „Wiener Kurier" ein recht kümmerliches Dasein. In der Mitte des 20. Jahrhunderts machten „Moderne" vorerst brotlose Kunst, aber die Zeiten ändern sich: Was einst als „hypermodern" galt, hängt heute im Museum und regt kaum noch jemanden auf. „Déjà vu" überschrieb ein Kritiker seinen Bericht über eine Ausstellung mit „selten gezeigten Werken" aus diesen Jahren.

Alfred Kubin in der Bibliothek seines Hauses im oberösterreichischen Zwickledt. Im Hintergrund seine Zeichnung „Der Tod am Werk" (1950).

Ernst Fuchs, phantastischer Realist – Portrait des Künstlers als junger Mann (1950).

Ein Meister des Industrie-Designs und der Metallgestaltung: Carl Auböck zeigt von ihm entworfene moderne Gebrauchsgegenstände (1950). Als Architekt war Auböck maßgeblich an der Entwicklung des sozialen Wohnbaus beteiligt.

Kunst am Bau: Die Wienerberger Ziegelwerke produzieren ein neuartiges Material aus glacierten gebrannten Tonstreifen. Prof. Carry Hauser (ganz rechts) überwacht das Auflegen eines von ihm entworfenen Mosaiks aus diesem Werkstoff (1952).

Zu den Toiletten

Unentschlossenheit im Auge des Betrachters, was er von den „Konstellationen“ halten solle, die der amerikanische Plastiker Alexander Calder in der „Neuen Galerie“ in der Wiener Grünangergasse ausstellt (1951).
Calders Plastiken zieren u. a. den Kennedy-Airport in New York und das UNESCO-Gebäude in Paris.

Max Weilers Wandfresko im Innsbrucker Hauptbahnhof wird kritisch betrachtet (1954).
Die Kreuzwegdarstellung des Tiroler Künstlers in der Hungerburgkirche hatte im Jahr 1947 einen Skandal ausgelöst, die Gläubigen empfanden den Einbruch der modernen Malerei als Blasphemie. Sie wurde jahrelang hinter Vorhängen versteckt.

Frechheit im Fasching 1950:
Die Polizei wies diesen als Tod und Sträfling kostümierten Besucher beim Gschnasfest des „Art Clubs“ aus dem Saal.
Steckte hinter der Maske vielleicht ein Vorläufer des Wiener Aktionismus ?

Vordergründig politisch . . .

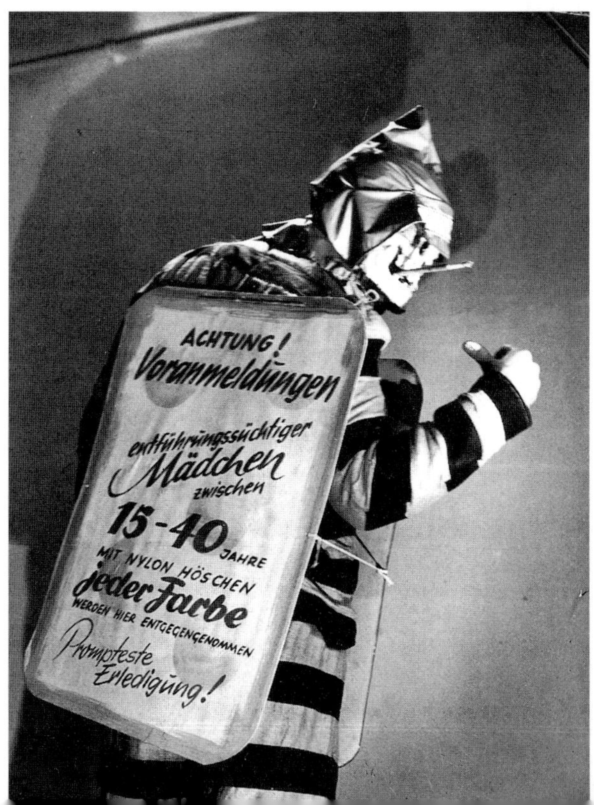

. . . und hintergründig erotisch.

24. Kapitel

„DER DRITTE MANN" – FILM UND REALITÄT

Das Haus, vor dem Harry Lime überfahren worden sein soll: Das Palais Pallavicini auf dem Josefsplatz war in den Jahren danach ein Lieblingsmotiv der USIS-Fotografen, und im englischen Pressetext wurde es immer als „Third Man House" bezeichnet (1952).

Der amerikanische Schriftsteller Holly Martins kommt in der frühen Nachkriegszeit nach Wien, um seinen Jugendfreund Harry Lime zu besuchen. Am Tag der Ankunft findet gerade auf dem Zentralfriedhof Limes Begräbnis statt. Dabei lernt Martins Limes Freundin Anna und den Chef der britischen Militärpolizei kennen. Dieser gibt ihm zu verstehen, daß Lime in kriminelle Geschäfte verwickelt war. Martins will diese Anschuldigung entkräften und stellt selbst Nachforschungen an. Durch die Schilderungen der Zeugen, die den Unfall gesehen haben wollen, bei dem Lime ums Leben kam, wird er mißtrauisch. Er entdeckt schließlich, daß dessen Tod nur vorgetäuscht war, und der Chef der britischen Militärpolizei führt ihm vor Augen, welche Auswirkungen das von Lime verwässerte und verschobene Penicillin auf die Gesundheit von Menschen haben kann. Martins hilft nun bei der Jagd nach Lime mit, trifft ihn zu einem Gespräch auf dem Riesenrad im Prater und verfolgt ihn durch die Röhren der Kanalisation unter der Stadt.
Als sie sich schließlich gegenüberstehen und Lime mit der Pistole auf Martins zielt, wird der Schieber vom britischen Militärpolizisten von hinten erschossen. Lime wird endgültig auf dem Zentralfriedhof begraben, Martins hat einen ehemaligen Freund und die Freundschaft von Anna verloren.

Holly Martins .... Joseph Cotten
Harry Lime .... Orson Welles
Anna .... Alida Valli
Chef der britischen Militärpolizei .... Trevor Howard

Graham Greene, der Verfasser des Drehbuchs, und Carol Reed, der Regisseur des Films, dürften bei einem gemeinsamen Aufenthalt in Wien 1947 das Konzept für die Story schon im Kopf gehabt und die Örtlichkeiten danach besichtigt haben, ob sie sich für Dreharbeiten geeignet erweisen würden.
Die Stimmung der Menschen zwischen den Trümmerhalden, die Zeitungsmeldungen über Doppelagenten und Penicillinschieber, zwielichtige Personen von ungeklärter Nationalität im Kaffeehaus, all das bot sich zwingend als Stoff für einen Thriller an.
Greenes Roman erschien übrigens erst 1950 in London, während der Film bereits 1949 dort anlief.
Der Kinoerfolg prägte jedenfalls das Wien-Bild in Norddeutschland, in England und Amerika bis heute: Die Gassen und Stiegenaufgänge sind düster, die Verbrecher entwischen durch offene Kanaldeckel, beim Heurigen spielen die Zithervirtuosen den ganzen Tag das Harry Lime-Thema, und das Riesenrad steht schräg gegenüber vom Palais Pallavicini am Josefsplatz!

Die Hauptdarsteller, Alida Valli und Joseph Cotten, im Gespräch mit dem Regisseur Carol Reed Am Hof (1948, Foto ausnahmsweise von British I.S.B.).

Hauptdarsteller Joseph Cotten nützt während der Dreharbeiten einen freien Tag: Der Filmstar verteilt in der COOP-Zentrale in der Theobaldgasse CARE-Pakete an bedürftige Wiener Familien (1. 12. 1948).

Der Führer einer Kanalbrigade, ein Tantalos der Wiener Unterwelt. Seit der Verfolgungsjagd im Film war das unterirdische Tunnelsystem in den Rang einer Sehenswürdigkeit aufgestiegen (1951).

Anton Karas prüft bei einem Wiener Instrumentenmacher den Klang einer Zither: Wird sie das „Harry-Lime-Thema“ zehntausend Mal aushalten? (1950)

25. Kapitel

DER STAATSVERTRAG UND DAS ENDE DER BESATZUNGSZEIT

Auch im USIA-Betrieb freut man sich: Transparent unterm Sowjetstern an der Fassade der Maschinenfabrik Schäfler & Budenberg in Wien-Favoriten (Mai 1955).

Der Staatsvertrag ist unterzeichnet, Leopold Figl hat verkündet: „Österreich ist frei!“
Aus diesem freudigen Anlaß läutet die Pummerin, und die Menschen in den Straßen lauschen still und ergriffen ihrem Klang (15. 5. 1955).

Auch der Stephansdom könnte überfüllter nicht sein als während des Dankgottesdienstes.

Auf dem Gelände des Frachtenbahnhofes der Vorortelinie in Wien-Gersthof: Amerikanische Soldaten verladen Militärpatrouillenautos für den Abtransport nach Deutschland (2. 8. 1955).

Die fremden Truppen bereiten sich allmählich auf den Abzug aus Österreich vor.

Zwölf Tage nach Unterzeichnung des Staatsvertrages werden vom Dach des Hauses der Industrie am Wiener Schwarzenbergplatz, dem Sitz des Alliierten Rates, die Flaggen der vier Besatzungsmächte eingeholt (27. 5. 1955).

Nächste Seite:
Das Ende eines weltweit einzigarten Phänomens:
„Die Vier im Jeep" von der alliierten Militärpatrouille besiegeln durch Handschlag das Ende ihrer Institution vor dem bisherigen Hauptquartier in der Lothringerstraße (14. 9. 1955).

INTERNATIONAL PATROL
PATROUILLE INTERNATIONALE
МЕЖДУНАРОДНЫЙ ПАТРУЛЬ

Namenregister

KLEINER ANZEIGER

Offene Stellen

Buchvertreter! Beste Verkaufsobjekte mit Höchstprovision. Sämtliche Neuerscheinungen durch Vertreterabteilung, Wien, V., Ziegelofengasse 3. (11.359)

Werkstättenleiterin für **Büstenhalterfabrikation**, nur nachweisbar perfekte und wirklich flotte, tüchtige Kraft, wird aufgenommen. Unter „19.119" an Wepa, Wien, VII., Neubaugasse 8. (12.155)

Schafwollweberei sucht tüchtigen Stuhlrichter und Webmeister für Schwabe- u. Schönherr-Stühle mit Jacquard. Firma Richter, Münchendorf, Wien, XXIV.

Stellengesuche

Repr. Fachmann für Rohkaffee, Tee, Südfrüchte sucht Wirkungskreis. Gefl. Zuschriften unter „Agil 11.371" an den Verlag.

Bürokraft, 28 Jahre, sucht Beschäftigung, auch Hilfsarbeit. Unter „88.897/P" an den Verlag.

Fleißige Hilfsarbeiterin, 28 Jahre, sucht Arbeit. Unter „88.898/P" an den Verlag.

Verkauf

375 S für Ihr altes Radiogerät bei Ankauf eines Philips- od. Horny-Apparates (Adagio / Prinz), Restbetrag **ohne Zinsen**. Radiohaus Swoboda, XV., Neubaugürtel 23 a.

Möbelbeschläge in allen antiken Stilarten. Ehleder, I., Wipplingerstraße 19. (44.518)

Wer Möbel braucht, nur Elite-Möbel kaufl! Kredit für jedermann Wien, VI., Gumpendorferstraße 143. **In der Filiale Hietzing** Eduard-Klein-Gasse 1a (Hietzinger Brücke), kostenlose Beratung durch unseren Architekten

Radioapparate, 5-Schilling-Wochenraten oder ohne Anzahlung. Erste Rate Februar. Höndl, Schlickgasse 4. (44.144)

Bei Kauf eines Hornyphon- oder Philips - Radioapparates Vergütung für Ihr altes Gerät bis 500 S (auch Volksempfänger), Teilzahlung. Stohlhofer, V., Wiedner Hauptstraße 94, B 26-509. (45.678)

Radioapparate neuester Modelle bis 12 Monatsraten. **Jeder alte Apparat** wird als **Anzahlung** von 185 S bis 500 S genommen (Horny-Umtausch.) Höndl, Schlickg. 4.

Koffer - Schreibmaschinen, Büromaschinen, wirklich billig abzugeben. Beck, Wien, II., Obere Donaustraße 45 (Augartenbrücke), A 46-2-84.

Reise - Schreibmaschinen, Büroschreibmaschinen billigst. Tel. R 28-805. (46.458)

Radiotausch - Aktion! Alter Apparat (auch defekt) wird mit 180 bis 500 S in Zahlung genommen. Kleine Raten, sofortige Ausfolgung. **Radio-Weltspiegel**, XVI., Lerchenfeldergürtel 45. (45.018)

Elektromotoren! Verkauf, Einkauf, Tausch, Miete. Vielgut, XVI., Liebhartsgasse 28, B 33-3-42. (42.358)

Teppiche kaufen Sie preiswert, auch Spezialstücke, nur bei Gregoriades, III., Gärtnergasse 1/17. (45.044)

Mignon - Flügel, englische Mechanik, erste Marke, zu verkaufen Loewe, VIII., Lederergasse 22, Ecke Laudongasse. (41.858)

Raumsparende Patentschrankbetten, Änderung aus alten Betteinsätzen. Walter Harand, Wien, XV., Goldschlagstr. 36.

Radio - Tauschaktion, kon-

Kaufe Pianino oder Stutzflügel. Sofortige Barzahlung. Tel. B 38-809. (42.822)

Einzelmöbel, Wohnungseinrichtungen kauft R 52-0-38

Schlafzimmer, Wohnzimmer und moderne Einzelmöbel dringend gesucht. R 35-5-54, R 37-0-80. (45.739)

Nähmaschine dringendst gesucht. Höchstpreise. Eilanbote: B 37-5-18. (45.256)

Möbeleinkauf, alt, modern, Einzelmöbel, Wohnungen, Zimmer. R 47-7-37. (44.748)

Nähmaschinen zu Höchstpreisen kauft Peiker, VII., Kaiserstr. 96, Tel. B 38-7-20.

Akkordeon dringend gesucht. U 13-8-44. Höchstpreis.

Schreibmaschine u. Rechenmaschine kauft sofort Telephon R 28-805 (46.459)

Nähmaschinen kauft Nitsch, Tel. A 37-6-96. (46.557)

Ohne Vermittlung **Pianino** gesucht, evtl. ganz kurzes Klavier. Tel. B 27-4-21.

Kaufe Nähmaschine dringend privat. A 20-0-90.

Radioapparate, auch beschädigt, kauft Europafunk, Burggasse 24. (46.327)

Nähmaschine kauft Schneiderin dringend. A 46-1-73 L.

Einige Teppiche sucht Tel. U 12-8-39 (42.356)

Kaufe Wohnungseinrichtung sowie Einzelmöbel, auch beschädigt. Telephon A 34-4-29, R 27-1-24. (45.249)

Nähmaschine kauft Bruckner, Wiedner Hauptstraße 71, U 48-2-25. (46.829)

Kaufe Bettbank, Photomaterialien, Rollfilmkassetten, Blechscheren, Grasscheren, Zeltplanen, Zelte, Rucksäcke, Schleifmotor, 1/5 PS, 220 Volt, Bodenkram, Verlassenschaften. B 23-1-86 U. (46.446)

Teppiche aller Art, auch beschädigte, kauft Arslanian, R 27-8-81. (Versetzte werden ausgelöst.) (46.470)

Hirschgeweihe, Rehkrickerln kauft U 28-7-30. Abholung.

Kaufe Perserbrücke, evtl. Teppich. A 25-0-11. (42.633)

Elektromotoren, Bohrmaschinen, Ventilatoren, Pumpen, Kompressoren usw. kauft Technische Schwemme, I., Zedlitzgasse 3, R 26-9-43

Moderne Photoapparate verkaufen Sie rasch und günstig bei R. Lechner, Wien, I., Graben 7. (44.538)

Epidiaskope, auch unkomplett, kauft Lechner, Wien, I., Graben 7. (41.832)

Teppiche, auch beschädigt, von Privaten kauft Ausländer. Unter „Barzahlung 11.652" an ÖWG, I., Wollzeile 16.

Übernahme **technischer** Gelegenheitskäufe gegen Barzahlung od. spesenfreie Kommission Körber, VI., Gumpendorferstraße 21. B 24-0-28

Schreibmaschine, Rechenmaschine dringendst gesucht. U 20-2-61, Braun, I., Bauernmarkt 21. (45.816)

Jutesäcke, Ein- und Verkauf, H. Sterner, XV., Schweglerstraße 30. (88.827)

Kaufe privat **Schlafzimmer**. B 44-3-44 L. (88.969)

Kraftfahrzeuge und Bestandteile

AUTO-STEINBACHER
X., Favoritenstraße 69
verkauft — tauscht:

STEYR-FIAT 1400	Mod.	52
STEYR-FIAT 1400	„	51
PLYMOUTH-SPEZIAL	„	51
PUCH 250 TF, Beiw.	„	51
PUCH 250 TF	„	51
FORD-TAUNUS	„	51
FORD-VEDETTE	„	50
FORD-MERCURY	„	50
RENAULT CV 4	„	50
PUCH 250 TF	„	49

Suche Kleinmotorrad gegen Möbel. Unter „45.332" an ÖWG, I., Wollzeile 16.

Skoda-Tudor, fabrikneuwertig, abzugeben. I., Reichsratsstraße 15. (46.486)

Vermietungen

IN ALLEN BEZIRKEN möbliert - separiert - sofort!
1-Bett-Zi., Bad, Tel. S 250,—
2-Bett-Zi., Bad, Kü.,
Tel. S 400,—
2 Zi., Bad, Kü., Tel. S 600,—
3- 4-, 5-Zi.-Wohnungen ! ! !
Realbüro HRABAK, B 35-2-75
VII., Lerchenfelderstraße 143

Sofort beziehbare **Aufbauwohnungen** — alle Größen — verkauft Wohnbüro Schaupp, Wien, I., Am Kärntnerring 8, U 42-2-25. (45.415/1)

Möblierte Stadtwohnungen — Villen und Villenetagen, in schönster Wohnlage, sofort vermietbar. **Wohnbüro Schaupp**, Wien, I., Am Kärntnerring 8, U 42-2-25, U 41-5-21.

Hotel Josefstadt, Wien, VIII., Lerchengasse 3 (Ecke Lerchenfelderstraße), Telephon A 28-3-94, vermietet schöne und warme, zentralgeheizte Zimmer. Neue Leitung — neu renoviert. Bei längerem Aufenthalt entsprechende Preisermäßigung.

Hotel **„Residenz"**, Pension, elegante Zimmer. Kalt-Warm - Fließwasser, Zimmertelephon, bestens zentralgeheizt. Hotelmäßige Aufenthaltsdauer. B 43-4-75

Riesenauswahl ! ! ! Untermietzimmer Wohnungen vergibt Wohnbüro Anzengruber Mariahilferstraße 45/I/2/40

Zentralgelegenes Ein- und Zweibettzimmer, Bad, Telephon, zu vermieten Wien, III., Seidlgasse 36/4, Verm. Hrabak, B 51-5-93. (46.435)

Beachten Sie
unsere täglichen Angebote
an
EIGENTUMSWOHNUNGEN
Heute:
XIV., Penzingerstraße 96
XIV., Jenullgasse 6
Zi., Kü., 1½ Zi. und 2 Zi., alle mit Bad und Vorzimmer.
Kostenlose fachkundige Beratung. Planeinsicht und Auskunft
durch alleinbevollmächtigte
Realkanzlei Dr. Johann FEIGL
I., Kantgasse 3, U 14-1-58

Büro Kramas, I., Schottenring 17, A 10-3-20, vergibt Ihre Wohnung. Büros sowie Untermietappartements. Beratung unverbindlich.

Hotel-Pension Atlanta, modernst renoviert, wieder eröffnet. Zimmer mit Frühstück, mäßige Preise. IX., Währingerstraße 33, Telephon A 20-0-30. (88.205)

Adressen besonders günstiger Vermietangebote durch **Adressendienst**, Hernalsergürtel 39. (44.790)

Aufbau - Wohnungen jeder Größe durch: III., Seidlg. 36/4, Hrabak (40.232)

Einmalige Gelegenheit!
EIGENTUMSWOHNUNGEN
XIX., Formanekgasse, Scheibengasse
Unverbindliche Beratung durch
Realbüro SCHÖN
I., Dominikanerbastei 17
(beim Schwedenplatz)
Tel. R 29-0-25

Hietzing! Besonders schönes Zimmer an Einzelperson, 250 S. Unter „12.268" an den

Suche aller Arten Wohnungen zur raschen Vermittlung. Büro Bruckner, VIII., Florianigasse 12, A 27-4-46.

2 Büroräume oder 3fenstriges Zimmer, unmöbliert, mit Telephon, bis 1. Stock, Nähe Währingerstraße, privat gesucht. A 22-8-15. (45.342)

Zimmer (Kabinett), auch leer, gesucht. U 12-9-47.

Holländisches Ehepaar sucht zwei möblierte Zimmer. Tel. U 41-5-21. (46.448/1)

Prokurist mietet Wohnzimmer. U 43-2-65. (46.448/2)

Ausländisches Ehepaar sucht 2 bis 3 Zimmer in guter Lage zu mieten. R 24-2-39. (46.398)

Ägypter sucht zwei möblierte Zimmer, bis 800 S. B 30-2-78. (46.411/1)

Holländisches Ehepaar sucht Zweibettzimmer. Ruf B 34-2-10.

Gesandtschaft sucht möblierte **Villa** oder **Villenetage**, bis 3000 S Monatsmiete. Angebote erbeten: B 37-5-55. (46.411/3)

Geschäfte und Lokale

Stadtbüro, 3 Räume, komplett eingerichtet, abzugeben. Unter „45.856" a. d. Verlag.

Kleines Textil- oder Gemischtwarengeschäft, auf Hauptstraße, Außenbezirke, zu pachten gesucht. Unter „Mitarbeit des derzeitigen Inhabers erwünscht" an Annoncen-Prosquill, VIII., Piaristengasse 60. (46.610)

Lokal mit Gewerbeschein (Kunst und Antiquitäten) zu verkaufen. Unter „8. Bezirk 2119" an den Verlag

Drei Büroräume, Wollzeile, Mezzanin, in Hauptmiete, vergibt Kanzlei Schaupp, Wien, I., Am Kärntnerring 8. (46.348)

Büroräume im Stadtzentrum abzugeben. Realkanzlei Hrabak, VII., Lerchenfelderstraße 143, B 30-2-78. (46.671)

Lokale sowie Werkstättenräume in allen Bezirken vergibt Stadtbüro Kowald, I., Wollzeile 12. (46.399)

Schönes Gassenlokal zu verkaufen. 7. Bezirk. Unter „Höchstangebot 46.485" an den Verlag.

Realitäten

Zinshäuser in allen Bezirken, teils mit freien Hausherrenwohnungen. Realbüro Beinhauer, Wien, I., Schwarzenbergstraße 8. (45.455)

Wr.-Neustädter Geschäftshaus in bester Hauptstraße, tadelloser Zustand, nicht im Mietengesetz, Reinertrag 600 Schilling monatlich, Hausherrnwohnung wird frei. Unter „Sofort verkäuflich 46.512/P" an den Verlag.

Geschäftliches

Bekanntes Textilgeschäft in Salzburg sucht für vorgesehenen Ausbau und Errichtung weiterer Filialen stille oder mittätige Interessenten. Unter „Gut eingeführt" an Annoncen-Prosquill, VIII., Piaristengasse 60.

Suchen Gewerbeschein für Kohlen-Klein- u. Großhandel, kaufen eventuell bestehende Firma, auch mit allen vorhandenen Einrichtungen. Vermittlung erwünscht, wird honoriert. Unter „Wiener Geschäft 88.571/P" a. d. Verlag.

Lederbekleidung, Autopolsterungen, Handtaschen, Schuhe färbt Schlager, VI., Otto-Bauer-Gasse (Kasernengasse) 3 (41.834)

Darlehen an Fixangestellte, Barkredit, Kaiserstraße 41.

Was spielen die Kinos?

Eventuelle Kinoprogramm-Änderungen auf Seite 5

1. Burg. ½5, ½7, ½9: **Die 4 im Jeep*)** (Orig. Fassg.)
Elite. 2, 4, 6, 8: Skandal am Königshof*)
Forum. 4, ¼7, ¾9: Kim-Geheimdienst in Indien (Farbf., d.)
Gartenbau. ¾4, 6, ¼9: Die verschleierte Maja*)
Imperial. ½5, ½7, ½9: Insel der zornigen Götter*)
Kärntner. 9, 11, 1, 3, 5, 7, 9: Die Narbenhand (Alan Ladd)
Kreuz. 2, ¾4, ½6, ¼8, 9: Goldschmuggel nach Virginia
Kruger. 9, 11, 1, 3, 5, 7, 9: Der blaue Engel
Künstlerhaus. 2, 4, ¼7, ½9: Unter dem Himmel v. Paris (d.)
Metro. ¼4, 6, ½9: **König Salomons Diamanten*)** (Farbfilm)
Opern. 9, ¼12, ½2, Auf allgemeines Verlangen! ¾4, 6, ¼9: 2 Mädchen u. 1 Matrose*) (Orig.-Fass.)
Schottenring. ½3, ½5, ½7, ½9: Skandal am Königshof*)
Tuchlauben. ½3, ½5, ½7, ½9: Hotel Sahara
Urania. Gr. S.: 3, ¾6, ½9: **alles über eva*)**
2. Diana. 4, 6, 8: **Hallo, Dienstmann!*)**
Helios. ¼5, ¼7, ¼9: Der Bandit und die Königin
Lustspieltheater. 4, 6, ½9: **Gefahren im Liebesleben**
Nestroy. 4, 6, 8: Der Untertan
Stern. 4, 6, 8: Maria Theresia*) (Paula Wessely)
Tabor. 4, 6, 8: Der blaue Engel
Wolmut. ¼5, ¼7, ¼9: Schütze Bumm in Nöten*)
3. Beatrix. ½5, ½7, ½9: Verklungenes Wien*)
Bürger. ½5, ½7, ½9: Mutter sein dagegen sehr*)
Capitol. ½5, ½7, ½9: Diamantenjagd im Urwald
Eos. ½5, ½7, ½9: Gezählte Stunden*) (Ronald Reagan)
Fasan. 4, 6, 8: Die Dubarry*)
Gutenberg. 4, 6, 8: Weiße Teufel (Tyrone Power)
Löwen. 4, 6, 8: **Hoffmanns Erzählungen*)**
Rabenhof. 4, 6, 8: Die Gezeichneten (Jos. Cotten)
Radetzky. 5, 7, 9: Die Letzten vom Fort Gamble
Rochus. 3, 5, 7, 9: Francis, der Regimentsesel*)
Schwarzenbergplatz. ¾4, ¾6, ¾8: Panik am Roten Fluß*)
Stadion. ½5, ½7, ½9: Die drei Dorfkavaliere*)
4. Joh. Strauß. 4, 6, 8: **König der Bettler**
Mittersteig. ½4, ½6, ½8: Hallo, Dienstmann!*)
Schikaneder. ¼5, ¼7, ¼9: Der Mann vom Eiffelturm (d.)
Schönburg. 4, 6, 8: Torreani (Gustav Fröhlich)
5. Atlantis. 4, 6, 8: **Sensation in San Remo*)**
Eisenbahnerheim. ¼5, ¼7, ¼9: Sensation in San Remo*)
Franzens. ½4, ½6, ½8: Valentins Sündenfall*)
Hundsturmer. ½5, ½7, ½9: Hochzeit mit Erika
Marg. Bürger. 4, 6, 8: **Mein Freund Harvey**
Metropol. 4, 6, 8: Der letzte Bandit (Farbfilm)
Schlößl. ¼5, ¼7, ¼9: Manon
6. Flotten. 4, ¼7, ½9; So. ab 2: **Das Herz in der Hose*)** (d.)
Apollo. 4, ¼7, ½9: Das Haus in Montevideo*)
Haydn. ½3, ½5, ½7, ½9: Hotel Sahara
Mariahilf. 4, 6, 8: Heut gehn wir bummeln*)
Schäffer. ½3, ½5, ½7, ½9: **Die Narbenhand** (Alan Ladd)
Westend. 4, 6, 8: Manon
Wienzeile. 4, 6, 8: **Hoffmanns Erzählungen*)**
7. Bellaria. 3, 5, 7, 9: **Vom Teufel gejagt** (Albers, Birgel)
Admiral. 4, 6, 8: Der Verbannte*) (Fairbanks jun.)
Erika. ½5, ½7, ½9: Blaubart
Hermann. ½5, ½7, ½9: Maria Theresia*) (7 Tage!)
Kinder. Sa., So. u. Fei. 2, ¼4, 5: Farb-Zeichentrickfilme*)
Kosmos. Nur ¼5: Verträumte Tage
Neubauer. ½5, ½7, ½9: Neptuns Tochter*) (Farbfilm)
Phönix. 3, 5, 7, 9: **Held der Prärie** (G. Cooper) (deutsch)
Schottenfeld. 4, 6, 8: Gangsterpremiere
Stafa. ½3, ½5, ½7, ½9: Duell in der Manege*)
8. Albert. ½5, ½7, ½9: Auf falscher Spur
Arkaden. ½3, ½5, ½7, ½9: Fanfaren der Liebe*)
Palast. ½5, ½7, ½9: Gehaßt! Gejagt! Gefürchtet!
9. Flieger. ½5, ½7, ½9: **Hoffmanns Erzählungen*)**
Heimat. ¾5, ¾7, ¾9: Johannes u. d. 13 Schönheitsköniginnen
Hera, Säulengasse 20. ½5, ½7, ½9: Mississippi-Expreß
Kolosseum. Nur 4: Drei kleine Worte*) (Farbfilm, deutsch)
Lichtenwerd. ½5, ½7, ½9: Zorros Geisterreiter (2. Teil)
Mozart. ½5, ½7, ½9: Unterwelt (deutsch)
Roßauer. ½5, ½7, ½9: Auf falscher Spur
Schubert. ½5, ½7, ½9: Der Verbannte*) (Fairbanks jun.)
Votivpark. 4, 6, 8: Im Lande der Kakteen*) (deutsch)
Weltbiograph. ½5, ½7, ½9: Menschenschmuggel (d.)
10. Bürger. 4, 6, 8: Fanfaren der Liebe*)
Edison. 4, 6, 8: Konflikt des Herzens*)
Fortuna. 4, 6, 8: Das Mädel aus der Konfektion*)
Friedenssaal. ¼5, ¼7, ¼9: Ohne Gnade
Gudrun. 4, 6, 8: Sensation in San Remo*)
Quellen. 4, 6, 8: Zwei in einem Auto*)
Zentral. 4, 6, 8: Nacht am Montblanc*)
11. Lichtbildbühne. ½5, ½7, ½9: Tanzende Jahre*)
Rex. 4, 6, 8: Neptuns Tochter*) (Farbfilm, deutsch)
Simm. Filmtheater. ½5, ½7, ½9: Blutfehde
SVK. ½5, ½7, ½9: König der Bettler
12. Altmannsdorfer. 6, ¼9: Singapur (Fred MacMurray)
Gaudenzdorfer. ¼5, ¼7, ¼9: Schaf im Wolfspelz
Haydnpark. ½5, ½7, ½9: Die blaue Dahlie (deutsch)
Hetzendorfer. 4, 6, 8: Venus macht Seitensprünge*)